वृक्ष अभिमन्यु

ललित एवं व्यक्तिव्यंजक निबन्ध

वृक्ष अभिमन्यु

ललित एवं व्यक्तिव्यंजक निबन्ध

नर्मदा प्रसाद उपाध्याय

वाणी प्रकाशन

प्रकाशन के उत्कृष्टतम 62 वर्ष

सजिल्द पहला संस्करण : 2025

vaniprakashan.com

वाणी प्रकाशन

4695, 21-ए, दरियागंज, नयी दिल्ली-110 002

फ़ोन : + 91 11 23273167, 23275710

शाखाएँ

अशोक राजपथ, पटना-800 004, बिहार

कॉफ़ी हाउस कैम्पस, महात्मा गांधी मार्ग, प्रयागराज-211 001, उत्तर प्रदेश

महात्मा गांधी अन्तरराष्ट्रीय हिन्दी विश्वविद्यालय, वर्धा-442 001, महाराष्ट्र

sales@vaniprakashan.in
vaniprakashan@gmail.com

Vriksh Abhimanyu
by Narmada Prasad Upadhyaya

ISBN : 978-93-6944-450-2
Essays

मूल्य : ₹ 495

सिटी प्रेस, दिल्ली-110 095 में मुद्रित

वाणी प्रकाशन का लोगो मक़बूल फ़िदा हुसैन की कूची से

पुण्यश्लोक आचार्य हजारीप्रसाद द्विवेदी को
जो ललित निबन्ध विधा के आधार पुरुष भी हैं
और शिखर पुरुष भी

मृग मुद्रा के निबन्ध

बिसराना, स्मृति का स्थायी विस्मरण नहीं है। बिसरा देने की परिधि में स्मृति के लौट आने की सम्भावना विद्यमान रहती है। लौट आने की यह सम्भावना, हरिण की उस कुलाँच के बाद के उस क्षणिक विराम की तरह होती है जब वह कुलाँचे भरते-भरते क्षण भर को ठिठक कर पीछे की ओर मुड़कर देखता है।

इन 28 ललित और व्यक्तिव्यंजक निबन्धों के प्रस्तुत करने के पीछे यही आगे दौड़ते-दौड़ते कुछ पल के लिए पीछे मुड़कर देख लेने का मोह है। यह बिसराने में विद्यमान स्मृति को सहेज लेने का सार्थक प्रयत्न है। चाहता हूँ कि यह मोह एक बार फिर अपने पाठकों के बीच बाँटकर, उन्हें भी अपनी मृग मुद्रा का एक बार और साझीदार बना लूँ।

ये वे निबन्ध हैं जो लगभग 2-3 दशकों पूर्व लिखे गये और प्रकाशित भी हुए। इन्हें रुचिपूर्वक पढ़ा गया। इन पर निरन्तर प्रतिक्रियाएँ आयीं और आज भी आती हैं।

मेरे निबन्धों के पाठकों का आग्रह है कि ये चुनिन्दा निबन्ध एक साथ प्रकाशित हों तो इनका भरपूर आस्वाद वे ले सकें। इसलिए यह प्रयास मैंने किया है।

इन निबन्धों की परिधि बड़ी व्यापक है। इनमें यदि पलाश से प्रभास तक की यात्रा है तो एक जुगनू की भोर से एक ज्योतिकलश के छलकने का दीप्तिमय आख्यान भी है, इनमें शिखर से बोलने वालों की वाणी भी है तो नदी से यह प्रश्न भी कि वह बोलती क्यों है? इन निबन्धों में नीलकण्ठ से लेकर मणिकर्णिका, पत्थर, राजधानी, दीये, अभिमन्यु, विट्ठल, बबूल, बिन्दी, परदेस, सिडनी और वसन्त से लेकर नगाधिराज के वे रूपक, बिम्ब और उपादान हैं जिनके माध्यम से आज के सच को कहने का यत्न है। फिर इनमें नन्हे भैया हैं और मेरी अम्मा जिनमें मेरी निजता के बिम्ब भले दिखाई दें लेकिन ये बिम्ब हम सबके जीवन के हैं, ये स्वान्तः सुखाय होते हुए भी परान्तः सुखाय हैं।

इनके बारे में विस्तार से क्या लिखूँ? इन्हें आप पढ़ेंगे तो बीते कल में, आज का वर्तमान और आने वाले कल का भविष्य प्रत्यक्ष होगा। यही इनके प्रस्तुत करने के पीछे का मन्तव्य है।

इन ललित और व्यक्तिव्यंजक निबन्धों को पढ़ते आपको लगेगा कि समय भले आगे बढ़ गया हो, लेकिन अनुभव वही हैं, उनकी प्रकृति नहीं बदली और जब तक अनुभव की प्रकृति न बदले तब तक लिखे गये को निहार लेने की यह मृग मुद्रा बनी रहनी चाहिए।

मुड़कर देखने का अर्थ, लौटना नहीं, कहीं आगे की ओर बढ़ने के जीवट को सहेज लेना है।

–नर्मदा प्रसाद उपाध्याय

इन्दौर

वर्षान्त : 2024

अनुक्रम

फिर फूले पलाश तुम

पलाश तुम फिर फूल उठे। डालियाँ ढक गयीं, झुक गयीं चारों तरफ़। तुमने अपनी केशरिया आभा बिखेर दी, उत्सव मनने लगे तुम्हें खिलते देखकर। तुम फूले हो और सब वसन्त के रंग में डूबे हुए हैं। तुम फूले हो और प्रकृति केशर से नहा उठी है। तुम फूले हो और बाँसुरी बज उठी मन की। तुम फूले और तुम्हें देखकर नवोढ़ा लजा गयी, उसके कपोल भी तुम्हारी पाँखुरियों की तरह आरक्त हो उठे। तुम्हारे फूलते ही रस, रंग और गन्ध का सैलाब उमड़ पड़ता है। तुम ऋतुराज के राजा हो।

तुम्हें अच्छी तरह याद होगा, सदियों पहले एक चंचल नवयौवना ने तुम्हें ब्रज के आसपास फैले वन की पगडण्डियों से बीना था और तुम्हें कालिन्दी के पानी में भिगोकर, उस केशरिया जल से एक साँवरे को सिर से पाँव तक नहला दिया था। उस सलोने युवक ने भी यही किया और दोनों पलाशमय हो गये। यह घटना तो तुम्हें ज़रूर याद होगी। क्योंकि तुम उसी पल से तो पलाश हुए, वरना उसके पहले तुम इसी पल की तलाश में भटका करते थे। फूलकर, झर जाया करते थे। समय यों ही फिसल जाया करता था। राधा ने तुम्हारे फिसलते पलों को अपनी पलकों पर रोक कर तुम्हें पलाश बना दिया। तुम चिर ऋणी हो राधा की दृष्टि के। यदि वह तुम पर नहीं पड़ती तो तुम अचीन्हे ही रह जाते। राधा तुम्हारी अस्मिता की पहचान है।

तुममें न तो गन्ध है, न रूप फिर भी तुम वसन्त के नायक पुष्प हो। जानते हो क्यों? इसलिए कि तुम्हारा रंग वासन्ती है और तुम्हारे पोर-पोर से केशर की पीताभ आभा झाँकती है। तुम्हें भले भँवरे न घेरे रहें, लेकिन उनकी गुंजार का सार तो तुम्हारे वासन्ती वैभव में समाया रहता है। इसीलिए तुम वसन्त के सच्चे प्रतिनिधि प्रतीक और प्रतिमान हो।

तुम हो भी बड़े उदारमना। उन पगडण्डियों पर बिछ जाते हो, जो तुम्हारे पेड़ के नीचे से गुज़रती हैं, तुम उन पुष्पों में से नहीं हो, जो सूखकर डालियों पर ही झर जाते हैं या जिनकी पाँखुरियाँ हवा में सूखकर इधर-उधर कहाँ उड़ जाती हैं पता ही

नहीं लगता। तुम्हारे पल्लवित रहने और सूख जाने में कहीं अन्तर नहीं जान पड़ता। यही तो मौलिक गुण है तुम्हारी प्रतिष्ठा का। तुम फूले भी वसन्त के लिए, और सूखे भी वसन्त के लिए। अवसरवादी नहीं बने। तुम्हारे इसी समर्पण ने तुम्हें वसन्त की आत्मा बना दिया। तुम्हारा वसन्त के प्रति यह मौन समर्पण ही तो तुम्हें ऋतुराज के प्राणों के रूप में प्रतिष्ठित कर गया।

तुमको लेकर जाने कितनी कविताएँ रची गयी होंगी, गीत लिखे गये होंगे, जाने कितने मधुर कण्ठों ने उन्हें गाया होगा, मगर अपने इस प्रशस्ति गान से तुम आज तक अप्रभावित ही रहे। कई फूल ऐसे होते हैं, जिन्हें प्रशस्ति गान सुनने की आदत हो जाती है। वे बिना प्रशस्ति के कुम्हला जाते हैं, मुरझा जाते हैं, लेकिन तुमने प्रशस्ति को कभी प्रतिष्ठा ही नहीं दी। शायद उसका यह कारण है कि तुम आभिजात्य पुष्प नहीं हो। तुम जंगल के फूल हो, बिना किसी के उगाये तुम्हारा पेड़ उग आता है और बिना किसी प्रयास या मान-मनौव्वल के तुम खिल जाते हो। तुम्हें न तो उपवन चाहिए न माली। तुम्हें अपनी अस्मिता की पहचान बनाने के लिए किसी प्रदर्शनी की भी ज़रूरत नहीं, इसलिए तुम ज़मीन से उगे, उसकी मिट्टी में रचे-बसे नैसर्गिक फूल हो।

जो फूल गमलों में सजे रहकर प्रदर्शनियों में इतराया करते हैं, वे ख़त्म हो जाते हैं किसी तुकबन्दी की तरह। मगर तुम तो वसन्त की रामायण हो, जिसे सदियों से गाँवों की चौपाल-चौपाल पर गाया जा रहा है।

ज़्यादातर फूल, सौरभ से सरोबार होते हैं, जिनमें गन्ध नहीं होती। उनमें रूप होता है, लेकिन तुममें न तो गन्ध है न रूप, सिर्फ़ अपने आत्मसम्मान के ओज की आभा है। मगर एक बात जो किसी दूसरे फूल में नहीं, वह तुममें है। तुम सूखने के बाद और जीवन्त हो जाते हो। तुम्हारी पाँखुरी-पाँखुरी से केशरिया रंग झरता है। असंख्य होलियाँ और रंगपंचमियाँ तुम्हारे नाम हैं। ब्रज की वीथियाँ सदियों से तुम्हारे अमिट रंग की साक्षी हैं। अपने अस्तित्व को मिटाकर दुनिया को केशरिया रंग से रँग देने वाले तुम्हारे अनूठे व्यक्तित्व ने तुम्हें सदैव के लिए अमर कर दिया। तुम्हारे रंग से होली का ऐसा अनोखा त्योहार मनाया जाता है, जो छोटे-बड़े, अमीर-ग़रीब, ऊँच और नीच के सारे भेद मिटा देता है। इस दिन नेह की स्निग्धता में सारी मलिनता बह जाती है। तुम्हारे रंग में सरोबार होकर भले कुछ पलों के लिए ही सही लोग सारी कटुता, सारा वैषम्य, सारा द्वेष भुला बैठते हैं। ऐसा रंग किसी दूसरे फूल में नहीं होता। तुम्हारे इसी रंग ने तुम्हें अमर पहचान दे दी और तुम प्रीति के प्रतिनिधि पुष्प बन गये।

मैं बचपन से तुम्हें वसन्त में देखता आ रहा हूँ। तुम्हारी प्रवृत्ति नहीं बदली। तुम

वैसे ही हो आज भी; जैसे बरसों पहले थे, वरना बचपन से आज तक मैंने बहुत बदलाव देखे हैं। मैंने गुलाबों तक को अपना रंग बदलते देखा है। जैसे-जैसे वक़्त आगे बढ़ता गया, फूलों के रंग और आकार बदले।

हो सकता है कि यदि तुम भी अपना रंग बदल लेते तो उपवनों की शोभा बन जाते, सिर्फ़ वसन्त में फूलने के बजाय बारहों माह फूलते; हो सकता था कि तुममें गन्ध भी आ जाती, लेकिन सच यह भी है कि फिर तुम्हारा नाता न तो ब्रज की वीथियों से रहता न वृषभानुसुता राधा से। फिर तुम्हारे नाम न कोई होली रहती, न वसन्त पंचमी। तुम्हारा रंग भी भले केशरिया होता, मगर वह चढ़ता नहीं किसी पर। तुम्हारी पाँखुरियों की कोई पूछ नहीं होती। उपवनों में फूलते और झर जाते, इससे ज़्यादा कोई उपलब्धि नहीं होती। उपवनों में फूलने वालों को वास्तव में कुछ हासिल नहीं होता, बल्कि खो ज़्यादा जाता है। जंगलों के फूल भले अचीन्हें रहें, लेकिन वे कुछ खोते नहीं। उनकी पहचान बरकरार रही है। तुमने भले कुछ न पाया हो, मगर अपनी पहचान बनाये रखी है और इसी पहचान के कारण न तुमसे ब्रज छूटा न वृषभानुसुता।

तुम यदि अतीत के इस मधुर रिश्ते से अपने आपको काट लेते तो फिर न तो तुम्हें वर्तमान पूछता, न भविष्य। आज़ तुम अतीत की धरोहर, वर्तमान की पूजा और भविष्य की श्रद्धा के रूप में मनमानस में समाये तो हो।

वसन्त में आम के बौर भी आ जाते हैं। आम्र मंजरियाँ जब आम के वृक्षों पर खिल उठती हैं, तब वसन्त की शोभा दोगुनी हो उठती है। तुम्हारे पुष्प और आम की मंजरियों से ढकी पगडण्डियों पर विचरण करना एक अद्‌भुत सुख को आत्मसात करना होता है। आम्र मंजरियाँ और तुम दोनों ही प्रहरी हो वसन्त के, मगर तुम दोनों में फर्क़ भी है। आम्र की मंजरियाँ तो बाद में हरी कैरियों में, कच्चे आमों में बदल जाती हैं, लेकिन तुम तो अपना सर्वस्व ही वसन्त पर न्योछावर कर देते हो। तुम्हारी हर पाँखुरी सिर्फ़ वसन्त के लिए ही खिलती और वसन्त के लिए ही झर जाया करती है। तुमने वसन्त के साथ अपने आपको इतना आत्मसात कर लिया कि कहीं कोई भिन्नता नहीं रही। तुम्हीं वसन्त के अर्घ्य बन गये और तुम्हीं आचमन।

इस विषमता भरे, वैषम्य से भरपूर संसार में जब अपने इस समर्पण भाव से तुम्हें खिला देखता हूँ तो मन प्रणामों से भर उठता है। कितना मुखर है तुम्हारा मौन। यदि कोई तुम्हारे इस प्रेरणा भरे वैविध्य के सच्चे अर्थों में दर्शन करे तो वह धन्य हो उठे। इस विचित्र संसार में यही सबसे बड़ी कठिनाई है कि हम प्रेरणा के लिए या तो देवताओं की ओर देखते हैं या उन मनुष्यों की ओर, जिन्हें हमने देवता बना दिया। प्रेरणा के सच्चे स्रोत तो तुम्हारे जैसे गन्धहीन, वनों में खिलने वाले वे फूल हैं,

जिनकी कोई अपेक्षा नहीं होती, लेकिन जो अपनी समूची अस्मिता में प्रेरणा के पुंज होते हैं। मैं तो उस समय की राह देख रहा हूँ, जो तुम्हें पहचानेगा और तुम्हें तुम्हारे गुणों के अनुरूप सच्ची प्रतिष्ठा देगा।

इसलिए पलाश तुम फूलते रहो, जैसे इस बार फिर फूले, वैसे ही तुम सदैव फूलते रहना। मैं देख रहा हूँ आने वाली पीढ़ियों को, जिनके हाथ नमन की मुद्रा में जुड़े तुम्हारे कुसुमित होने की प्रतीक्षा कर रहे हैं।

जो पीढ़ियाँ आने वाली हैं, वे वसन्त को सच्चे अर्थों में पहचानेंगी, तुम्हें अपनी पूरी समग्रता में अंगीकार करेंगी। इसलिए तुम फूलना और फिर फूलते ही रहना पलाश।

●●

एक भोर जुगनू की

मैं अक्सर देहली जाता हूँ। वहाँ से लौटते समय मथुरा के आगे एक स्टेशन पड़ता है 'रुनकता'। यह सूर का गाँव है। सूर यहीं जन्मे थे। सुपर फास्ट ट्रेन में बैठे-बैठे इस स्टेशन के नाम की तख्ती पलक झपकते गुज़र जाती है लेकिन मन वहीं अटक जाता है। विचार भटक जाते हैं।

कैसा चमत्कारिक होगा वह गाँव 'रुनकता' जहाँ ऐसा अन्धत्व जन्मा जिसने आलोक को अमर कर दिया, जिसने तिमिर के आवरण में छुपे शब्दों को उजास के तारों में बींधकर, छन्दों के अनेक सूरज उगाये और श्याम को ऐसा देखा एक बार कि हम सब आज उसी श्याम को सूर के पहनाये परिधानों में उन्हीं की आँखों से देख रहे हैं।

हमारी आँखें सूर की आँखें हो गयीं और उनमें बसे श्याम हमारे श्याम।

अन्धत्व की सबसे बड़ी विडम्बना यही है कि वह सूर का पर्याय बन गया। कैसे हो सकते हैं वे लोचन दृष्टिहीन जिन्होंने साक्षात श्याम को इस मनमोहक रूप में देखा होगा।

खेलत हरि निकसे ब्रज-खोरी।
कटि कछनी पीताम्बर बाँधे, हाथ लए भौंरा, चक, डोरी।।
मोर-मुकुट, कुण्डल स्त्रवननि बर दसन-दमक दामिनि-छवि छोरी।

लेकिन यह विडम्बना आज अकेले सूर की कहाँ है? हम सबकी है। जो हम हैं, उसके विलोम ही समझ लिये जाते हैं पर्याय नहीं। जो दृष्टा हैं वे दृष्टिहीन हैं और जो अपना रास्ता नहीं टटोल पाते वे मार्गदर्शक।

हमारा इतिहास नियति की इन्हीं विडम्बनाओं का आईना है। इतिहास के दर्पण में कभी-कभी हमारे प्रतिबिम्ब वैसे ही झलकते हैं जैसे अक्षरों के, दर्पण के सामने कोई इबारत रख दो तो वह उल्टी ही दीखती है। उसे प्रतिबिम्ब में पढ़ पाना असम्भव सा होता है। इसलिए सूर ने चाहे जितना जीवन्त लिखा हो माने गये वे अँधे ही

और सूर, अन्धत्व का पर्याय बन गये। इसमें सूर का दोष नहीं। दोषी आँखें हैं और आलोक। आँखें, उजाले से सिर्फ़ अपने स्वार्थ का सरोकार रखती हैं और आलोक अपने आपको अपराजेय मानता है।

लेकिन आलोक का यह दम्भ हमारे इतिहास के दो अपवाद चरित्रों ने तोड़ा है। ये हैं सूर और गान्धारी। एक की आँखों ने उसे अंगीकार ही नहीं किया और दूसरे की आँखों ने किया सीधा अस्वीकार।

सूर और गान्धारी प्रकाश की पराजय के नाम हैं।

सूरज के रथ का सारथी सूर के सामने असहाय है और उसके विश्व विजयी अश्व विवश।

सूर्य के आलोक का मोह सूर ने पाला ही नहीं, ऐसे मोह को त्याग देना उनके व्यक्तित्व के नहीं, चरित्र की ऊँचाई है! इन ऊँचाइयों को मापने के पैमाने शायद अभी तक बन नहीं पाये। इसलिए हम अभी भी हर अन्धे को सूरदास कहकर पुकारते हैं। शायद यह सूर का नहीं, हमारा अन्धत्व है।

सवाल यह है कि इस आलोक का इतना आकर्षण क्यों है? क्या इसलिए कि इसकी उजास हमें सृष्टि का सौन्दर्य दिखाती है? शायद सूर को छोड़कर सभी ने यही जवाब दिया है।

लेकिन सूर ने तो सृष्टि को इतनी समग्रता और सूक्ष्मता में देखा है जिसके सामने सौन्दर्य के सारे प्रतिमान बौने पड़ जाते हैं।

सही शायद यह है कि सूर्य के आलोक की निरन्तरता, उसका तेज, उसके रश्मि पुंज और उसका फैलाव हमें आकृष्ट करते हैं। आकर्षण की यही प्रबलता खींचती है मन को और मन इसकी दीप्ति से कभी तृप्त ही नहीं होता।

इस दीप्ति के कई नाम हैं। धन, यश, पद, महत्त्वाकांक्षा और लिप्साएँ कई तरह की।

हम इन्हीं दीप्तियों के बीच अपने जीवन की छटा खोकर विलीन हो जाते हैं। लेकिन दीप्ति के ये रूप कभी विलीन नहीं होते। इसका रूपजाल अटूट होता है और बन्धन कठोर। पीढ़ी दर पीढ़ी असंख्य जीवन ज्योतियाँ इस भ्रमपुंज में समाहित होती चली जाती हैं, लेकिन इस दीप्ति को अंगीकार न करने वाले सूर कभी विलीन नहीं होते क्योंकि इस उजास से उनकी आँखों का कोई रिश्ता नहीं। उनकी आँखें वे देखती हैं जो इस उजाले में देखा नहीं जा सकता। वे इस आलोक की निरन्तरता, तेज और फैलाव के बन्धनों से बहुत परे हैं। इसलिए 'रुनकता' किसी अन्धे सूर का गाँव नहीं, ऐसी भोर का क्षितिज है जहाँ से एक अनोखे आलोक के एक नहीं कई सूरज

जन्मे हैं जिनकी चिरन्तन नियति सिर्फ़ भोर है। ऐसी भोर जिसे संध्या की लालिमा या अस्ताचल की दिशा के बन्धन कभी बाँध नहीं सके। सूर की आँखों में बसा आलोक सूर्य के आलोक से कहीं अधिक ज्योर्तिमय है।

तब ऐसा कौन-सा आलोक है जिसने सूर के नयन जगमगाये, जिसने उनकी आँखों के भौतिक अन्धत्व को पराजित किया, जिसने सूरज के आलोक को ललकारा, उसे चुनौती दी और उसकी जययात्रा को खण्डित कर दिया।

रहा होगा ऐसा आलोक सूर के पास जो सिर्फ़ उनकी ही निधि रहा। समाया रहा उन्हीं में और उन्हीं में विलीन हो गया। इस आलोक की न तो निरन्तरता रही होगी, न फैलाव, न किरण पुंज और न ही अपने विलुप्त होने का भय।

वह उजास ऐसी रही होगी जो भले निरन्तर न रही हो पर कभी-कभी चमकी होगी। फैली भी नहीं होगी उन नयनों की परिधि के बाहर और विलुप्त भी नहीं हुई होगी लम्बे अन्तराल के लिए।

उसने हौले से चमककर कभी आँगन में खेलते 'हरि' को देखा होगा, कभी ग्वालों के साथ गाय चराते, होली खेलते, गोपियों के साथ रास रचाते कान्हा को, कभी दही मथती यशोदा को और कभी कालिन्दी के तीर पर लजाती, लाजवन्ती राधा को। ब्रज के कुंज और मथुरा की गलियों को इसी उजास में निरख लिया होगा।

सूर के अन्धे नयनों में बसा यही आलोक सूर का सागर है, जिसकी नीली सतह सूरज के प्रकाश से नहीं, किन्हीं जुगनुओं की क्षण भर चमककर लीन हो जाने वाली और पल-भर बाद फिर चमक जाने वाली ज्योति से झिलमिलाती है। इसकी सतह पर किरणों के लम्बे जहाज़ नहीं डोलते, छोटे-छोटे दीपों की नौकाएँ तैरती हैं। सूर की आँखों में समाया यह आलोक उन जुगनुओं का है जिनकी हर क्षणिक चमक से कान्हा की एक लीला और राधा की एक भंगिमा जन्मी। जुगनुओं की इसी चमक से वात्सल्य का रस जन्मा, प्रीत की रीत जन्मी, प्रणय के गीत जन्मे और भक्ति का ऐसा अद्भुत संगीत जन्मा जिसने समूचे युग को विभोर कर दिया।

आलोक और अनुगूँज के इस संगम के स्रष्टा सिर्फ़ सूर ही हो सकते थे, जिन्हें हमने दृष्टा न मानकर दृष्टिहीन माना और ख़ुद अपने अन्धत्व को उजागर कर दिया।

सूरज और जुगनू दोनों ही प्रकाश के स्रोत हैं लेकिन अपनी प्रकृति में पूर्णत: भिन्न। कहाँ अथाह सागर और कहाँ किसी नन्ही-सी कोंपल पर ठहरे, सिमटे जल बिन्दु। लेकिन इन दोनों के आलोक में एक मूलभूत अन्तर है और वह है अँधकार का अन्तराल।

सूरज को रोज़ डूबकर फिर उगना पड़ता है लेकिन जुगनू जिनकी रोशनी क्षणिक होती है, अपने अस्तित्व में स्थायी होते हैं। वे मरते तक चमकते रहते हैं।

उन्हें रोज़ डूबकर फिर उगना नहीं पड़ता, इसलिए वे जब-जब भी चमकते हैं अपनी पूरी जीवन्तता के साथ क्योंकि उन्हें डूबने का भय नहीं होता।

नियमित मरण उनकी नियति नहीं होती।

उजास की ये तैरती लड़ियाँ सौन्दर्य की कल्पना के हर मोती को अपने में पिरो लेती हैं। सूरज का रोज़ उगना और प्रकाश देना हमें कोई सौन्दर्य-बोध नहीं देता, कोई कल्पना नहीं देता, संकल्प नहीं देता, देता है तो सिर्फ़ उसके आलोक में जीने की आदत जो हमारी विवशता है और विवशता में न तो श्याम के पीताम्बर बुने जा सकते हैं, न तट पर बाट जोहती राधा की छवि।

इसलिए सूर की आँखों में बसा आलोक ऐसे जुगनुओं का आलोक है जो उनके जीवन-भर बस उन्हीं की आँखों में चमककर कृष्ण और राधा की भंगिमाओं को, शब्दों के मोतियों में गूँथता रहा, गूँजता भी रहा और जो बिना डूबे उन्हीं की आँखों से जन्म कर उन्हीं में समा गया। ऐसे जुगनुओं के चरणों पर असंख्य सूर्यों के शीश न्योछावर हैं। मुझे अँधेरी रात में किसी वृक्ष के आसपास चमकते हर जुगनू में ऐसी भोर दीखती है जिसकी कोई साँझ नहीं होती।

••

फिर पत्थरों के गाँव

पत्थर सिर्फ़ पत्थर होते हैं। निष्प्राण, कठोर, ठोकरों की छाँह और नफ़रत की निगाहों की तीखी किरणों के बीच अपने दिन काटने वाले उपेक्षित अस्तित्व।

यदि कभी कोई कलाकार अपनी छेनी से उन्हें ऐसा आकार दे भी दे कि वे किसी महल या मन्दिर में प्रतिष्ठित हो सकें तो ऐसे अपवाद भले उसका रूप बदल दें लेकिन उनकी नियति फिर भी नहीं बदलती।

शिल्पहीन आकारों में वे पड़े रहते थे। कलाकार ने उन्हें खड़ा कर दिया। खड़े रहने या पड़े रहने में कोई मौलिक फ़र्क़ नहीं होता। सिर्फ़ पत्थर को देखने वाले की दृष्टि बदल जाया करती है। मगर देखने वाले की दृष्टि बदलने से पत्थर की नियति बदल जाये ऐसा नहीं होता।

यदि ऐसा होता तो ताजमहल के गुम्बज गाने लगते मगर वे तो रोते हैं। ताज को देखने वालों का कहना है कि अभी भी ताज के अन्दर जाने कहाँ से कुछ पानी की बूँदें टपकती हैं। पानी की इन बूँदों को कोई चखे तो उनका स्वाद उसे खारा लगे।

ताज से सटी जमना में बहता पानी, ताज के सफ़ेद पत्थरों की आँखों से बहा पानी है। यमुनोत्री से इस पानी का कोई लेना-देना नहीं।

आँसू पीड़ा की अभिव्यक्ति होते हैं और पीड़ा मानव और पत्थर में कोई फ़र्क़ नहीं मानती। यह बात अलहदा है कि हम पत्थर की पीड़ा को नहीं जानते।

पत्थर की पीड़ा जानना आसान भी नहीं है। यह आसान हो सकता है कि पत्थरों में देवत्व तलाश लिया जाये। मुमताज़ की स्मृति खोज ली जाये या 'शालभंजिका' को उकेरकर खजुराहो या ग्यारसपुर में सौन्दर्य की चरम परिणति को स्थायी आकार दे दिया जाये मगर बहुत मुश्किल है पत्थर की पीड़ा को समझ पाना। उसे समझने के लिए पहले ख़ुद पत्थर बनना पड़ेगा। बग़ैर पत्थर बने पत्थर का मर्म नहीं जाना जा सकता।

राम, कृष्ण, महावीर और बुद्ध महामानव नहीं, महापाषाण थे। उन्होंने कोशिश की थी पत्थर के मर्म में झाँकने की। मानव की व्यक्त पीड़ा को समझ पाना बहुत

सरल था, मगर अव्यक्त की पीड़ा को जान पाना बहुत कठिन। इन महापुरुषों के सामने चुनौती यही थी कि वे अव्यक्त की पीड़ा को समझते और फिर उस पीड़ा का अनुभव कर, मानव मन की व्यक्त पीड़ा से उसकी तुलना करते। बग़ैर सागर में उतरे उन्हें पोखर की गहराई का पता लगता कैसे? उन्होंने इसी पीड़ा को समझने की कोशिश की। सागर की गहराई को माप लिया। फिर उन्हें देर ही नहीं लगी यह समझने में कि पोखर की गहराई से उबरा कैसे जाये?

वे अव्यक्त की गहनता तक पहुँचकर यह खोज लाये कि व्यक्त की पीड़ा दूर कैसे हो?

निष्प्राण पड़ी पाषाणी अहल्या, राम के पाँव की ठोकर से जब मानवी बनी तब उसे शायद यह मालूम ही न रहा हो कि यह ठोकर तो एक बड़े पाषाण की, एक छोटे पाषाण को लगी ठोकर है। यह न तो भगवान की ठोकर है न मानव की और जब राम का नाम पत्थरों पर लिख-लिखकर नल और नील सागर में उन्हें फेंकने लगे तो वे पत्थर सिर्फ़ बन्धुत्व की मर्यादा में बँधे भारहीन होकर तैरे और अपने अग्रज की विजय के लिए उन्होंने अपने स्वभाव की मर्यादा तोड़ दी।

रामेश्वर से लंका तक बना पुल कोई दैवीय चमत्कार नहीं था, वह तो एक बड़े पूजनीय पाषाण के लिए छोटे-छोटे पाषाणों की कर्तव्यनिष्ठा और बन्धुत्व की अभिव्यक्ति का बाँध था।

इतिहास की तो यही साक्षी है कि हम भले इन्हें भगवान कहें, महामानव कहें या महाप्राण लेकिन ये थे सिर्फ़ महापाषाण ही। इन्होंने जितना झेला वह मानव नहीं झेल सकता। सिर्फ़ पत्थर झेल सकता है।

इतना झेलने के बाद भी वे रोए नहीं, कभी आँखें नम भी हुई हों सीता को खोजते, ब्रज से बिछुड़ते, वैशाली के राजप्रासाद को त्यागते या राहुल और यशोधरा को सोते छोड़कर अपने 'कन्थक' नामक अश्व से यह कहते कि तात! आज की रात तू मुझे तार दे क्योंकि इसके बाद तो मैं सारी दुनिया को तार देने वाला हूँ तो इन आँखों में समाये आँसुओं को पत्थर के आँसू ही कहना पड़ेगा क्योंकि इतनी मर्मान्तक वेदना कोई मानवीय संवेदना झेल ही नहीं सकती।

सीता, राधा और यशोधरा के बिछोह को झेलना और फिर अपने आपको सारी समष्टि के लिए सौंपकर अपने सारे दायित्व निभाकर सरयू में समा जाना, अपने सुदर्शन को स्वर्ग भेजकर एक मामूली बहेलिये को ही अपना उद्धारक मानकर सूने पेड़ के तले अपनी इहलीला समाप्त कर लेना और अपने शिष्य आनन्द की गोद में अन्तिम साँसें लेते हुए बिना किसी दुविधा के निर्वाण को प्राप्त हो जाना, ऐसा जीते

हुए मरण को वरण लेना ही मानवीय प्रकृति की सहनशीलता के सारे बन्धन तोड़ देता है।

राम, कृष्ण, महावीर और बुद्ध ने यही बन्धन तोड़े और पत्थर बनकर उसके मर्म को पा लिया।

आज कौन चाहेगा पत्थर बनना? कोई नहीं चाहता कि उसे पत्थर बना दिया जाये। मगर आघातों की निरन्तरता इतनी है कि संवेदना के रेशे-रेश बिखर गये, मूल्यों के मानक तक छितरा गये इधर-उधर, इतना पीटा आघातों ने कि सहिष्णुता की सहनशक्ति चुक गयी। तब शेष क्या रहा? सिर्फ़ पाषाणी कंकाल जिस पर अब किसी आघात की कोई प्रतिक्रिया नहीं होती। राम भी मानव से पाषाण बने थे लेकिन उनकी पाषाणी मौलिकता का कोई मुकाबला नहीं। इसलिए कि वे इन आघातों को झेलते रहे लेकिन ज्यों-ज्यों आघात तीव्र हुए उनका संघर्ष भी उतना ही प्रबल होता गया। वे मर्म के उतने ही निकट पहुँचते गये। वे जूझते रहे इन आघातों से और अन्ततः इन्हीं आघातों के बीच से उन्होंने इन पर विजय पा लेने का मार्ग खोज निकाला।

पाषाण राम भी थे और हम भी हैं अन्तर सिर्फ़ संघर्ष-शक्ति के होने और न होने का है।

हमारी संघर्ष-शक्ति शून्य है। इन आघातों को हम अपनी नियति मान बैठे हैं इसलिए न चाहते हुए भी पत्थर बन जाना पड़ता है। संवेदना हो या मूल्य, वे बिखर जाते हैं और हमारी पाषाणी देह, हमारे मानव होने का भ्रम देती रहती है।

अयोध्या या गोकुल इसलिए जाने जाते हैं क्योंकि वहाँ ऐसे पाषाण जन्मे जिन्होंने मूल्यों के महल खड़े किये। यही पाषाण इन महलों की नींव थे और ये ही शिखर। आज कहीं कोई अयोध्या नहीं, गोकुल नहीं, वैशाली नहीं मगर ऐसी असंख्य बस्तियाँ हैं जहाँ पाषाण खड़े हैं, पड़े हैं, जिनकी कोई अहमियत नहीं। वे चलते हैं, फिरते हैं, बोलते हैं, दिशा देने का अभिनय करते हैं लेकिन इन असंख्य बस्तियों में कहीं गोकुल नज़र नहीं आता, अयोध्या नहीं दीखती।

काश! अरबों के आँकड़े न होते और गिनती के नाम पर सिर्फ़ अंक ही होते पाँच-दस तो इन अंकों में गोकुल, अयोध्या, वैशाली और कपिलवस्तु को ही गिन लिया जाता। कोई ज़रूरत नहीं होती फिर ढेर सारे देशों के नाम गिनाने की, शहरों की संख्या जोड़ने की, मन्दिर, मस्जिद या गिरजाघरों की स्थापना को लेकर लड़ने की।

पत्थर की एक और ख़ासियत होती है, वह पिघलता नहीं। लोहा पिघल जाता है मगर पत्थर कभी नहीं पिघलता। इसलिए कि पिघलने से गुण बदल जाते हैं। जल प्रवाह बहुत चाहता है कि वह पत्थर को भी पानी बना ले लेकिन उन्हें इस प्रवाह की

चोटों से रेत बनना मंजूर होता है, पानी बनना नहीं। वे चूर-चूर होकर नदी के किनारे बिखर जायेंगे, उसकी जलराशि में विलीन हो जायेंगे मगर उसके साथ उसके रूप में ख़ुद को बदलकर बहेंगे नहीं।

यों बर्फ़ के टुकड़े भी होते हैं जो ठोस होते हैं, कठोर होते हैं, दूर से पत्थर होने का भ्रम देते हैं मगर वक़्त आने पर ये तपन नहीं सह पाते और पानी में तब्दील हो जाते हैं। ऐसे बर्फ़ के टुकड़ों की कृत्रिम कठोरता ने कभी-कभी बहुत छल किया है पत्थर की कठोरता के साथ। कई पत्थर बिखर गये रेत बनकर और बर्फ़ के टुकड़ों ने पिघलकर अपने-अपने सरोवर बना लिये, झीलें बना लीं और उनमें अपने लिए कमल खिला लिये।

पत्थर का दुर्भाग्य यह भी है कि वह कठोर होता है और कठोर तो वक़्त आने पर पानी भी हो जाता है। इस कठोरता में फ़र्क़ नहीं हो पाता। बर्फ़ की कृत्रिम कठोरता फ़ायदा उठा ले जाती है लेकिन पत्थर की कठोरता रेत बन जाना पसन्द करती है, वह न झील बन पाती है न सरोवर। कमल या कुमुदिनी उसके भाग्य में नहीं होते।

बाज़ी उन्हीं के हाथ लगती है जो स्वार्थ से स्वरूप बदलने में निपुण होते हैं।

आज कोई पारखी नहीं बचे। कठोरता के पारखी भी नहीं। यदि पाषाण की कठोरता अवसरों ने सराही होती तो मर्म जैसी कोमल संज्ञा का पर्याय पाषाण होता। मगर अवसरों ने स्वार्थ का साथ दिया। जाने कब यह बात मानी जायेगी कि सबसे कोमल मर्म सिर्फ़ पत्थर के ही पास होता है।

मानवीय संवेदना और अनुभूति की समूची पराकाष्ठा पत्थरों में जीवित है। पत्थर के मन्दिर हैं, पत्थर की मूरतें, पत्थर के गिरजा, पत्थर की मस्जिद, पत्थर की राधा, पत्थर के कृष्ण और पत्थरों के ही ताज, कोणार्क और खजुराहो। फिर भी पत्थर कठोर और निष्ठुर कहा जाता है।

क्या कोमल होने की कसौटी सिर्फ़ लचीला होना है?

नहीं, यह कसौटी ग़लत है, हमारी सोच ग़लत है। सैकड़ों गवाहियाँ हैं इतिहास के पास जब इस लचीलेपन ने कोमलता की अस्मिता कुचल दी और प्राणवान होने के नाम पर कई ऐसे निष्ठुर प्राण इस धरती पर जन्मे जिन्होंने समूची मानवता के ध्वंस पर अपनी महत्त्वाकांक्षा के महल खड़े करने चाहे।

धृतराष्ट्र के लचीलेपन ने महाभारत रच दिया, जयचन्द और मीर जाफर जैसे लचीली निष्ठा वाले कापुरुषों ने इस देश को ग़ुलामी की ज़ंजीरें दे दीं।

आज हाल यह है कि कहने को हम आज़ाद हो गये हों लेकिन यह लचीलापन हमारी मानसिकता में ऐसा समाया है कि आज़ादी हमारे लिए सिर्फ़ ऐसा हर्फ है जो 15 अगस्त के दिन हमारे आज़ाद होने की याद दिला जाता है और 16 अगस्त से हम फिर ग़ुलाम हो जाते हैं।

यदि इस परिप्रेक्ष्य में पत्थर को देखें तो मालूम होगा कि पत्थर कोमल भले न हो मगर सच्चा मर्म तो उसी के पास है।

हम इस मर्म को यदि पा न सकें तो उसे टटोलने की कोशिश तो करें। मर्म का स्पर्श ही बहुत प्रेरक होगा। पत्थर बड़े मार्मिक हैं। उनके पास जाओ अपना दर्द लेकर तो वे इस दर्द से जुड़ी मुसीबतों से आगाह करेंगे।

पत्थरों की नियति की तरह उपेक्षा की तीखी धूप के बीच बैठे एक विस्मृत से कवि देवीप्रसाद 'राही' की ये पंक्तियाँ हैं :

फिर पत्थरों के गाँव मेरा दर्द गया है
लगता है मुसीबत का समाचार मिलेगा
फिर कोई धुआँ पूरी घुटन लेके उठा है
लगता है मेरा गाँव कई बार जलेगा।

••

शिखर से बोलते हुए

जी हाँ मैं शिखर से बोल रहा हूँ। उत्तुंग शिखर से जिसके शीर्ष पर सिर्फ़ मैं हूँ। शिखर के शीर्ष पर पहुँच जाने के बाद बोलना अनिवार्यता भी बन जाता है और विवशता भी, इसलिए मैं बोल रहा हूँ।

शिखर की चोटी पर अकेला मौन बैठा हूँ तो फिर वहाँ बैठने कौन देगा? कई मौनी शिखर पर पहुँचने के लिए अविराम यात्राएँ कर रहे हैं, सिर्फ़ इसलिए कि शिखर तक पहुँच जायें फिर बोलें। मौन यदि बीच में भंग हुआ तो यात्रा खण्डित हो सकती है, कोई दूसरा मौनवृत्ति वहाँ पहुँच जायेगा।

इसलिए बोलने के लक्ष्य की प्राप्ति के लिए प्रतिस्पर्धा मौन की होती है।

मौन यात्रा का सबसे बड़ा फ़ायदा यह है कि कोई दूसरा प्रतिस्पर्धी आपके मन्तव्य को जान नहीं पाता। इस यात्रा के रास्ते भी कई होते हैं इसलिए अलग-अलग रास्तों से, छोटे और दुर्गम रास्ते तलाशते हुए भी लोग चुपचाप चलते रहते हैं और जो पहले पहुँच जाता है शीर्ष पर शिखर के, वह वाचाल हो उठता है।

मैं भी चुपचाप चला। छोटे रास्ते ढूँढ़े जो दुर्गम भी थे और वक़्त आया कि मैं औरों के पहले शिखर के शीर्ष पर पहुँच गया और अब वहाँ से बोल रहा हूँ। मेरे कई साथी जो मुझसे पहले चले, जिनकी तैयारी की खबर रही लोगों को, जिन्होंने वर्षों पहले मुझसे यात्रा आरम्भ की वे अभी मुझे शिखर से काफ़ी नीचे की पगडण्डियों पर बौने से दीख रहे हैं और मैं शिखर पर बैठा बोल रहा हूँ।

बोलने, बोलने में भेद हैं। शिखर से बोलना और धरातल पर खड़े रहकर बोलना ज़मीन और आसमान के अन्तर की तरह है। शिखर से बोलो तो भले ही वाणी अस्पष्ट हो, समझ में न आये केवल गूँजती भर रहे तो भी बोलना सार्थक होता है। उसकी क़द्र होती है और धरातल पर खड़े रहकर सही बोलो, स्पष्ट बोलो, समझ में आने वाली बात बोलो तो भी समझ में नहीं आती।

आकाशवाणी का महत्त्व इसीलिए है कि वह ज़मीन से नहीं होती। अपने-अपने काल में जो ज़मीन से ज़मीन की बात, लोगों से लोगों की बात उन्हीं की भाषा में बोले उन्हें या तो ज़हर के प्याले थमा दिये गये, टाँग दिया गया फाँसी पर, पत्थरों से मार दिया गया या अनाम जला दिया गया, दफ़ना दिया गया।

सदियाँ उनकी सरल और सहज बातों को समझने में लगी। कई पीढ़ियों के दौर गुज़र गये तब उनका कहा समझ में आया। उसे मान्यता मिली लेकिन कब?

जबकि वाणी से रिश्ता टूटे शताब्दियाँ बीत गयीं और वे मौन हो गयीं सदा के लिए। आज उनकी वाणी उधार के कण्ठों में क़ैद है और उस मौन के सहारे ये उधार के कण्ठ अब वाचाल हो पूजे जा रहे हैं, मालाएँ पहन रहे हैं, समारोह कर रहे हैं, जयन्तियाँ मना रहे हैं।

मीरा से मंसूर तक की यही कहानी है। मूल वाणी तिरस्कृत हुई और उधार के कण्ठ पूज दिये गये।

इतिहास के इसी सबक को ध्यान में रखकर मैं ज़मीन पर नहीं बोला। चुपचाप रहा, छोटे और दुर्गम रास्तों को लाँघकर शिखर पर पहुँचा और अब वहीं से बोल रहा हूँ। मैं नहीं जानता कि मैं क्या बोल रहा हूँ क्योंकि मैं जानता हूँ कि धरातल तक पहुँचते-पहुँचते ये बोल एक गूँज में बदल जायेंगे, अस्पष्ट गूँज में जिनका कोई अर्थ भी नहीं निकलेगा या अनेक अर्थ निकलेंगे। लोग शिखर पूजते हैं, उस पर विराजे हुए को पूजते हैं।

वाणी को कौन पूजता है?

वाणी से ज़्यादा स्थायित्व और गरिमा उसकी अस्पष्ट अनुगूँज में है। व्यक्ति से ज़्यादा महत्त्वपूर्ण उसकी परछाईं है जो उससे कहीं अधिक लम्बी होती है। इसलिए इन गरिमामय गूँजों और परछाइयों की कहीं अधिक प्रतिष्ठा है। वाणी और व्यक्ति गौण हैं इनके समक्ष। शिखर के शीर्ष पर बोलने से अनुगूँज भी बहुत होती है और परछाईं भी लम्बी हो जाती है।

मैं इसीलिए शिखर के शीर्ष से बोल रहा हूँ।

धरातल पर बोलने वाले कई हैं लेकिन उनकी सुनने वाला कोई नहीं है। यदि शीर्ष से बोला जाये तो उसकी अस्पष्ट अनुगूँज को धरातल के सभी लोग सुनते हैं, वे भी जो बोलते हैं और वे भी जो सिर्फ़ सुनते हैं। ये सभी ध्यान से कान लगाकर सुनते हैं और फिर इस अनुगूँज में अर्थ ढूँढ़ने लग जाते हैं।

मैं शिखर से बोलता रहूँ, ज़मीन के लोग उस अनुगूँज को सुनते रहें, उसमें खोकर अपना बोलना भूल जायें और सिर्फ़ उसके अर्थ खोजने में तल्लीन हो जायें यही तो मेरा उद्देश्य है।

इसीलिए मैं शिखर के शीर्ष से बोल रहा हूँ।

इस बोलने में मैंने एक सावधानी बरती है, वह यह कि बोलने में निरन्तरता न रहे, कुछ विराम भी हो। निरन्तर बोलते रहने से इन बोलों की अनुगूँज शोर में बदल सकती है। एक समरसता पैदा हो सकती है। बोल की पोल खुलने का भय हो सकता है। कोई और भी प्रयास कर सकता है विद्रोह का। इसलिए मैं बोलने की निरन्तरता बरकरार नहीं रखता। मैं बोलने की शैली भी बदल देता हूँ जिससे गूँज के स्वरों में भिन्नता आये और ज़मीन के लोग नये अर्थ ढूँढ़ने में तत्पर हो जायें।

इसलिए मैं बोलते, उसे थोड़ा विराम देते और उसमें थोड़ा बदलाव लाते शिखर के शीर्ष से बोल रहा हूँ।

मैं वर्तमान हूँ और भविष्य में भी इसी वर्तमान को जीवित रखना चाहता हूँ। यह भी चाहता हूँ कि यह वर्तमान जब अतीत में बदले तब इतिहास मेरे शीर्ष बोलों को अमर जगह दे, मेरी लम्बी परछाईं को प्रेरणापुंज के रूप में प्रतिष्ठित करे। भावी पीढ़ियाँ मेरी परछाईं और मेरे बोलों की अनुगूँज में मेरे कृतित्व और व्यक्तित्व की तलाश करें और मुझे महान मानने की चिरभ्रान्ति पाल लें।

मैं इसी चिरभ्रान्ति के स्थायित्व को बरकरार रखने के लिए शिखर के शीर्ष से बोल रहा हूँ।

मैं जानता हूँ मेरे इन बोलों के बीच नैसर्गिक गीत दब गये, संगीत दब गया, ताल भंग हो गयी, कई ओजस्वी स्वर खो गये, माधुर्य की तान विलीन हो गयी मगर मैं विवश हूँ। शिखर पर बैठकर मैं कोई ऐसा गीत नहीं गा सकता, कोई ऐसी कविता नहीं सुना सकता जो ज़मीन के लोगों में संवेदना जगा जाये और लोग ख़ुद के स्वत्व को तलाशने की जुर्रत करने लगें। मेरा अस्तित्व और उसकी महानता तो इसी में है कि मैं ऐसा बोलूँ जिसके लोग अर्थ ढूँढ़ते रहें। जिस दिन लोग इन बोलों की निरर्थकता समझ गये और अपना स्वत्व ख़ुद खोजने लगे उस दिन मैं, मैं नहीं रह जाऊँगा। इसलिए मैं गीत, संगीत, लय, तान और माधुर्य का हन्ता ही बना रहना चाहता हूँ। ये सब मेरे बोल की अनुगूँज के शत्रु हैं। इनकी पराजय में ही मेरी जय है।

इसलिए इन सबको रौंदकर, इन्हें दबाकर अपने पैरों तले मैं शिखर के शीर्ष से बोल रहा हूँ।

एक सिद्धान्त है कि क्रिया की प्रतिक्रिया होती है। लेकिन शिखर से बोलना इसका अपवाद है। इस मायने में कि शिखर से निकले बोल नीचे तक पहुँचते-पहुँचते अनुगूँज में बदल जाते हैं, अस्पष्ट सी अनुगूँज में जो समझ में नहीं आती और अनुगूँज की क्या प्रतिक्रिया होगी? वह तो ज़मीन पर उतरती है और थोड़ी देर ठहर कर फिर विलीन हो जाती है जैसे जुगनू की रोशनी।

ऐसी रोशनी से क्या भय? उसकी क्या प्रतिक्रिया? क्या विरोध और क्या विद्रोह?

थोड़े विराम के बाद जब दूसरी अनुगूँज आती है तब तक लोग पहली को या तो भूल चुके होते हैं या फिर उसके अर्थ खोजते रहते हैं। उनकी यह क्रिया चलती रहती है। यह अपने आप में इतनी पूर्ण और आवरणमय होती है कि उस पर किसी दूसरी क्रिया का असर ही नहीं होता। मेरा ध्येय भी यही है कि कोई प्रतिक्रिया न हो केवल ठहराव बना रहे, पोखर के पानी की भाँति ऐसा ठहराव जिसमें लहरें न उठें क्योंकि लहर का जन्म मेरे अस्तित्व का अन्त है।

इसीलिए इस ठहराव को अपलक निहारते मैं शिखर के शीर्ष से बोल रहा हूँ।

मेरी नज़र इस ठहराव पर भी है और शिखर तक पहुँचने वाले रास्तों पर भी क्योंकि कई मौनवृत्ति जो मेरे अनुगूँज के भ्रम को समझ गये इन रास्तों पर चलने के लिए निकल पड़े हैं। कई पहले से ही चल रहे हैं। इसलिए मैं अपने दोनों हाथों से अनवरत पत्थरों को भी उन रास्तों पर लुड़का रहा हूँ जो शिखर पर पहुँच सकते हैं। इसमें कोई बुराई नहीं, बल्कि मेरे लिए तो बुराई जैसा कोई शब्द ही नहीं है क्योंकि जो मैं बोलता हूँ वही सच है और जो करता हूँ वही अच्छा है। इसलिए मेरा पत्थर फेंककर उन रास्तों को बन्द कर देना मेरे हित में है। मेरा हित ही सबसे बड़ा सच है और सर्वोत्तम है इस सच को अंगीकार कर लेना।

इन पत्थरों की वर्षा से मैं उन पथिकों का दम्भ तोड़ रहा हूँ जो यह भ्रम पाले हुए हैं कि वे उस शिखर पर पहुँच जायेंगे जहाँ मैं आसीन हूँ। उनके अहं ने उन्हें भ्रमित कर दिया है। मैं चाहता हूँ कि उनका यह भ्रम टूटे और वे फिर धरातल पर पहुँच उन्हीं लोगों में शामिल हो जायें जो जाने कब से इन अनुगूँजों के अर्थ ढूँढ़ रहे हैं।

इसलिए निरन्तर अपने दोनों हाथों से शिखर तक आने वाले रास्तों पर पत्थर फेंकते हुए, मैं शिखर के शीर्ष से बोल रहा हूँ।

यह सभी जानते हैं कि जितना सहज बोलना होता है उतना ही दुरूह होता है करना। वे विभूतियाँ अब सिर्फ़ इतिहास की धरोहर हैं जिन्होंने जो बोला वह किया। गांधी से गान्धारी तक, मीरा से मंसूर तक और महावीर से कबीर तक।

इतिहास की हर करवट के साथ इन सिलवटों का सिलसिला चला मगर, ज्यों-ज्यों समय की चादर रेशमी होती गयी, इन सिलवटों का बनना बन्द होता गया। आज के समय की चादर ऐसे रेशमी कपड़े की है, जिस पर जब इतिहास करवट लेता है तो कोई ऐसी सिलवट नहीं पड़ती जो इस बात की साक्षी हो कि इस सिलवट में कहीं कोई महावीर है या कबीर।

ये व्यक्तित्व अब समय की चादर की सिलवटें भर हैं।

इतिहास की ये सिलवट भरी चादरें या तो संग्रहालयों की शोभा हैं या अवसरों की।

आज के समय की चादर इतिहास की करवट से कोई सिलवट नहीं चाहती। हम भी नहीं चाहते कि ऐसी सिलवटें पड़ें इस चादर पर। लेकिन समय की चादर को तो बिछते चले जाना है, उसका कोई दूसरा छोर तो होता नहीं और फिर उसे भी तो अपनी गरिमा बनाये रखना है। अपने इतिहास पुरुष को समेटने वाली चादर ने अब इस इतिहास पुरुष से कह दिया है कि तुम मुझ पर शयन करो पर करवट मत लो। तुम्हारे करवट लेने से सिलवटें पड़ती हैं कबीर की, गांधी की, महावीर की, मंसूर और मीरा की। ये अब बहुत पड़ चुकीं मुझ पर। इन्हें अब विराम दो। मुझ पर पड़े रहो सीधे, यथावत आँख खोले।

मैं अब इस चादर में सिर्फ़ गूँजों को सहेजूँगी।

जो शिखर से बोलेगा उसकी अनुगूँजों को सहेज कर सौंप दूँगी तुम्हें, इससे मुझमें सिलवटें भी नहीं पड़ेंगी और ये तुम्हारी धरोहर भी होंगी तथा मेरी गरिमा भी। इससे मेरा रूप भी यथावत ही रहेगा इसलिए मेरे इतिहास पुरुष तुम सिर्फ़ लेटे भर रहो, करवट मत लो।

परिणाम यह है कि समय की चादर शिखर के शीर्ष से उतरी अनुगूँजों को सहेज कर इतिहास को सौंप रही है। जांग्रत इतिहास पुरुष आँखें खोले लेटा है इस चादर पर, उन्हें समेट रहा है अपने अध्यायों में उनके अर्थ खोजकर। वह व्यक्तित्व और कृतित्व को छोड़कर गूँज और परछाइयाँ रच रहा है। इससे सभी ख़ुश हैं, समय भी, इतिहास भी, लोग भी और मैं भी।

इसीलिए मैं शिखर के शीर्ष से बोल रहा हूँ।

●●

नदी तुम बोलती क्यों हो?

कलकल प्रवाह बड़ा वाचाल होता है। प्रवाह धीमा हो तो लगता है कोई गुनगुना रहा है। तेज़ हो तो लगता है वह बात कर रहा है और जब प्रपात के रूप में झरे तो उसका निनाद ऐसा प्रतीत होता है, गोया वह झगड़ पड़ा हो किसी से। भेड़ाघाट में झगड़ने वाली नर्मदा, नेमावर में बात करने लगती है और ओंकारेश्वर में गुनगुनाती है।

नदी का बोलते रहना ही उसके प्रवाह का बना रहना है। नदी के गुंजन में, निनाद में जो ध्वनि है यही ध्वनि मनुष्यता की आत्मा है। नदी के इन्हीं स्वरों में मानव ने संगीत खोजा, गीत खोजे, वह कल्पना खोजी, जिसने कहीं अजन्ता रची तो कहीं खजुराहो, कोणार्क और ताज। नदी यदि बोलती नहीं रहती तो मनुष्यता के शायद कोई सृजन होते ही नहीं।

नदी के बोल बड़े अनमोल हैं। ये बोल अतीत की इबारतें, वर्तमान के निर्माण और भविष्य दीप हैं, जिनकी उन्नत शिखाओं को इन बोलों के तरल स्पर्श से जगमगा जाना है। जब तक नदी के बोल हैं तब तक तिमिर का तिरोहित होते रहना तय है। इन बोलों के गूँजते आलोक कभी निष्प्राण नहीं हो सकता। भले भीष्म की तरह उजाला बिंधा रहे तिमिर के बाणों से और प्रतीक्षा भी करता रहे उत्तरायण की, लेकिन इस उजाले को नदी मरने नहीं देगी। उसके बोल कोशिश करेंगे कि उजाले का अन्त भीष्म की तरह न हो, उनकी देह से अँधेरे के तीर निकाले जायें और यह गंगा-पुरुष फिर अपने सम्पूर्ण पौरुष के साथ उठ खड़ा हो।

हम सब ओर से निराश हैं, लेकिन नदी के बोल बहुत आशा बँधाते हैं। हम क्यों हैं इतने निराश? इसलिए कि नदी के बोलों से हमारे तादात्म्य टूट गये। कभी नदियों के इन्हीं स्वरों से हमने अजन्ता रची, कोणार्क तराशा, ऋचाएँ गूँथीं वाणी में, लेकिन धीरे-धीरे ताल भंग हुई, लय टूटी और अन्ततः हम टूटे। तिमिर हावी हुआ, उजाले के भीष्म बिंध गये, नदी बहती रही, बोलती रही, लेकिन हम जड़ हो गये। गंगा, कावेरी, सरस्वती और ब्रह्मपुत्र से लेकर ताप्ती और नर्मदा तक सिर्फ़ श्लोकों में सीमित हो

गयीं। हमने तादाम्य खोजने के बजाय इन बोलों को बाँधना चाहा अपने-अपने लिए, यह सब उसी का परिणाम है।

नदी ख़ुद कभी ऋचा नहीं हो सकती; ऋचा ज़रूर नदी के प्रवाह को गा सकती है। जब हमारे आदि-पूर्वजों ने नदी की स्तुति की, तो वह वास्तव में उसके प्रवाह की स्तुति थी, उसकी गति के सौन्दर्य का वन्दन था, लेकिन हमने इस स्तुति को ही नदी मान लिया। हमने स्तुतिगान की परम्परा बना ली। नदी की वास्तविक महिमा तो उसका प्रवाह है, गति है, लेकिन महिमा के नाम पर नदियों के ऐसे स्तुतिगान हुए जो विभोर तो कर सकते थे लेकिन जो सच्चे कर्म का वरदान नहीं दे सकते थे। नदी की सच्ची पवित्रता तो उसके प्रवाह में विद्यमान है। प्रवाह से परे रहकर जड़ और अवास्तविक महिमा के गान में डूबे रहना, नदी की सच्ची पवित्रता का गान नहीं है।

नदी माँ है, अधिष्ठात्री है कर्म की, प्रतिमान है गति की, प्रतीक है संकल्प की, आत्मा है जिजीविषा की और अस्मिता है मनुष्यता की। उसके इतने विस्तार को कैसे सिर्फ़ स्तुति में सँजोया जा सकता है? नदी तो स्रोत से भी परे है और सागर से भी। नदी सिर्फ़ गोमुख की धरोहर नहीं, न उस सागर की जिसमें उसे समा जाना है, नदी तो सिर्फ़ प्रवाह की है, गति की है जो रास्ते की चट्टानों को तोड़कर अपना रास्ता बनाती है। उसका यही प्रवाह, कहीं निनादमय और कहीं मन्थर लेकिन अविराम और अविकल-उसे नदी बनाता है, अन्यथा गोमुख से निकलकर वह सिर्फ़ सीमित हो जाती तो कुण्ड हो जाती, ताल हो जाती, सिमट जाती और यदि सिर्फ़ अपने उत्स से निकलकर बिना अपना रास्ता बनाये समुद्र में समा जाती तो उसका अपना कोई अस्तित्व नहीं होता, वह सिर्फ़ अथाह जल का एक मौन अंग-भर बनी रहती, लेकिन नदी सिर्फ़ अपने प्रवाह के कारण नदी है और वह निरन्तर प्रवहमान है इसीलिए बोलती है, गुनगुनाती है और घोर निनाद भी करती है।

समुद्र गर्जन करता है और नदी वार्तालाप। नदी का यही वार्तालाप हमारे जीवन को परिभाषा देता है। नदी के तट और इन तटों पर बसे तीर्थ वास्तव में नदी की गति की अभ्यर्थना के लिए बने। नदी की गति को शक्ति के रूप में पूज दिया गया, मगर बाद में नदी गौण हो गयी, शक्ति गौण हो गयी और पूजनीय हो गये पण्डे।

नदी से सीधा संवाद न हो सके, इसलिए जाने कितने पाखण्ड रच दिये गये। निर्मल और फेनिल नर्मदा से हम बहुत दूर कर दिये गये। नदी के बोलों से दूर रखने की कोशिशें हुईं और इसीलिए हमने अपना प्रदूषण नदी में विसर्जित कर, नदी को प्रदूषित करार देने का एक षड्यन्त्र रच लिया। नदी कभी अपवित्र नहीं हो सकती। उसका प्रदूषण, हमारी विकृत वृत्तियों के उसके निर्मल जल में विसर्जन का परिणाम है।

आज भी इतने प्रदूषण से अभिशप्त होते हुए, जगह-जगह बँधते उसके रास्तों को मोड़ देने की कोशिशों से लहूलुहान होते हुए भी नदी क्यों बोलती है? किसी को इतना प्रताड़ित किया जाये तो वह बोलना तो दूर, देखे तक़ नहीं। लेकिन नदी है कि बोलती है, सतत् बोलती है। गिरिराज हिमालय के विभिन्न स्रोतों से फूटी अलकनन्दा, भागीरथी और मन्दाकिनी को सुनें, बहुत वाचाल है उनका प्रवाह। और फिर चाहे रुद्रप्रयाग हो, कर्णप्रयाग, केदार या बद्रीनाथ, इनके स्वर कहीं तीखे, कहीं मधुर और कहीं घोर नाद से परिपूर्ण हो जाते हैं और जब ये तीनों मिलकर हरिद्वार में गंगा बनती हैं तो नदियों के समवेत स्वर समूची मनुष्यता की झंकार बन जाते हैं। ऋषिकेश और हरिद्वार हमारे जड़ तीर्थ नहीं, मानवता की प्रवहमान यात्रा के वे पड़ाव हैं जहाँ साक्षात् गति गूँजती है। नदियों का यह गुंजन, यह अनवरत वाचाल रहना क्या हमें कहीं झकझोरता नहीं? कहीं बाध्य नहीं करता सोचने को कि यह नदी इतना क्यों बोलती है?

पहले करता था, अब नहीं करता। पहले इन्हीं वाचाल नदियों के किनारे आश्रम बन जाया करते थे, पर्णकुटियाँ सज जाया करती थीं। इनके प्रवाह का स्वागत करने शाल और ताड़पत्रों के बन्दनवार बँध जाया करते थे और इन सबके बीच कर्म और साधना मिलकर मानव के परिष्कार के लिए नये-नये शिल्प गढ़ा करते थे। नदी बात करती थी, कर्म-पुरुष सलाह लेता था, फिर वह गढ़ दिया करता था इन अरण्यों के बीच किसी राम को, कृष्ण को, अर्जुन को, एकलव्य को। नदी के प्रवाह की प्रेरणा से ओंकारेश्वर में शंकर, शंकराचार्य बन जाया करते थे और माहिष्मती में रेवा के तट पर मण्डन मिश्र। हमारी सम्पूर्ण कर्ममय मनीषा नदी के प्रवाह से सीधे संवाद की देन है और नदी आज भी इसीलिए बोलती रहती है कि शायद इतिहास कभी दोहरा ले अपने आपको।

नदी से बहुत कहता हूँ, चुप हो जा, मौन हो जा, तब्दील हो जा कुण्डों में, सरोवरों में, सजा ले अपने आसपास सँवारे हुए कुंज और खिला ले अपने जल में सुन्दर कमल और कुमुदिनी। क्यों बहती रहती है अनवरत कठोर पाषाणों के बीच, तपती धूप में? कहीं बर्फ़ में जमना पड़ता है तो कहीं निरन्तर फिसलना, क्यों नहीं देती विराम इस कंटक-भरी, पीड़ा-भरी यात्रा को? सिर्फ़ तुझे अपना प्रवाह ही तो रोक लेना है, फिर तो तेरे सौन्दर्य की आरती उतारने जाने कितने देवपुरुष खड़े हैं। लेकिन वह नहीं मानती। वह तो बोलती रहती है, बहती रहती है, पत्थरों से टकराती है तो आह नहीं निकलती, संगीत के स्वर निकलते हैं, काँटों-भरे वन को जब पार करती है तो कराह नहीं निकलती, कोई गीत फूट जाया करते हैं। मुग्ध हो जाना पड़ता है नदी की इस भंगिमा पर।

घण्टों कलकल प्रवाहमान नदी के किनारे बैठे रहो। उसके स्वर कभी एकरसता नहीं देंगे। उसका प्रवाह हर बार कुछ नयी बात करेगा, हर लहर कोई अद्भुत पंक्ति देगी। महानगरों के बीच रचे गये शब्द जाने क्यों बाँधते नहीं, शब्द तो वे बाँधते हैं जो नदी के बीच से उठाकर लाये गये हों। नदी के बीच से बटोरे गये शब्दों ने ही तो हमारी भाषा की अच्छी और प्राणवान पहचान रची है। इन्हीं शब्दों ने सरयू-तट पर रामायण रची और गऊघट पर सूरसागर। इन्हीं शब्दों ने माखनलाल की कविता रची और परसाई का गद्य। नदी से लिये गये इन्हीं शब्दों ने एक निर्धन लेकिन कर्मण्य लोकमानव को सच्चे रूप में व्यक्त किया है।

नदी इसीलिए बोलती है। उससे एक दिन पूछ लिया था, यों वह कोई जवाब नहीं देती। वह बोलती ही रहती हैं। वह क्या बोलती है? वह अपनी व्यथा नहीं सुनाती, वह हमारी कथा सुनाती है। वह हमारे ज़माने की असमानता का, शोषण का, अन्याय कां और विषमता का बयान करती है। वह हरिद्वार से चलती है तो प्रयाग तक आते-आते उसका कण्ठ रुँध जाता है। वह अमरकंटक से चलती है तो सहस्त्रधारा तक आते-आते उसके बोल बहुत भारी हो जाते हैं। कश्मीर की चिनाब और असम की ब्रह्मपुत्र बोलते-बोलते थक चलीं, पंजाब की सिन्धु अब थोड़ी सामान्य हुई अन्यथा उसके अवरुद्ध कण्ठ के बोल समझ में नहीं आते थे। तो जब मैंने उससे बार-बार पूछा कि तुम बोलती क्यों हो?

तब उसने यह जवाब दिया कि तुम यह सवाल ही क्यों करते हो? मैं बोलती हूँ तो बोलते रहने दो। तुम अपनी कथा सुनो और अपना परिष्कार करो। तुम क्यों बार-बार पूछते हो कि नदी, तुम बोलती क्यों हो? तुम कोशिश करो कि मेरे बोलने से तुम्हारे आचरण में अन्तर आये, कोशिश करो कि तुम पारदर्शी बनो, कोशिश करो कि तुम वह बनो जिसके लिए तुम बनाये गये हो। मुझे निरन्तर इसीलिए न जाने कब से बोलना पड़ रहा है कि तुम वह बन नहीं पा रहे, जिसके लिए तुम गढ़े गये हो।

तुम गढ़े गये इसलिए कि तुम जो आज हो उससे कल और बेहतर बन सको। तुम तराशे इसलिए गये कि तुम कुछ ऐसा तलाश सको जो निर्माण का मानक बने। तुम बनाये इसलिए गये कि तुम वह बनाओ जिसकी नींव में कुछ ठोस हो। तुम गतिशील इसलिए किये गये कि तुम पड़ाव भर न बने रहो, मंज़िल बनो। तुम्हें अँजुरी इसलिए सौंपी कि तुम आचमन भर करते न रहो, कुछ अर्घ्य भी चढ़ाओ। तुम्हें कण्ठ इसलिए दिया कि तुम वन्दना मत करो बल्कि संघर्ष के लिए जयघोष करो। तुम्हें, मन दिया कि तुम उसे अपनी व्यथा का सरोवर न बनाओ, बल्कि वह पंछी बनाओ जो उड़कर सारे जग की व्यथा का अन्दाज़ा कर सके। तुम्हें संवेदना दी कि तुम रचो, अपने-आप में बसो नहीं। तुम्हें आराधना दी कि तुम अपने कर्म को अपना आराध्य

मानो, अर्चना करो उसकी, बजाय ढोंगी जीवित पाखण्डियों के। तुम्हें भावना दी कि तुम उस भावना को अंकुराओ, वृक्ष बनाओ और लाद दो इन वृक्षों को अपनी उपलब्धियों के फल से, बजाय इसके कि किसी गमले की तुलसी के फेरे लगाकर अपने-आपको धन्य समझो। उस तुलसी को वृक्ष बनाकर उसकी मंजरियों को बिखेर दो माटी के कण-कण में, ताकि पवित्रता का क्षेत्रफल बढ़ सके।

तुम्हें इतना कुछ दिया, फिर भी जाने कितनी सदियों से तुम वैसे के वैसे हो। उँगलियों पर गिने जाने वाले बहुत कम लोग मेरे, बोल समझ पाये और पूर्ण हो पाये। पीढ़ियाँ दर पीढ़ियाँ गुजरीं, लेकिन इन पीढ़ियों के बीच बहुत कम मानव जन्म पाये- पूर्ण मानव, जीवन्त मानव, कर्मण्य और प्राणवान मानव! शेष तो मानव के नाम पर सिर्फ़ मानव की संज्ञा-भर बने रह गये।

मैं भी विश्राम चाहती हूँ थोड़ा, विराम देना चाहती हूँ गति को, मौन मुझे भी अच्छा लगेगा, लेकिन मेरी विवशता है बहना और बोलते रहना क्योंकि तुम बह नहीं पा रहे, प्रवाह से एकात्म नहीं हो पा रहे, समो नहीं पा रहे मेरे में अपने आपको। अकेले मुझमें स्नान करने से मुझे परितृप्ति नहीं मिलेगी, इसलिए तुम बेहतर बनो, मानक बनो, मंज़िल बनो, अर्घ्य चढ़ाओ, संघर्ष का जयघोष करो, उड़ो जग की व्यथा जानने को, रचो, आराधना करो कर्म की और बिखेर दो तुलसी की गन्धिल मंजरियाँ इस विश्व की माटी के बीच। मैं वायदा करती हूँ कि जिस दिन तुम यह सब कर, लोगे, स्वयं प्रवाह बन जाओगे, मैं उसी पल बोलना बन्द कर हमेशा के लिए सागर का मौन अंग बन जाऊँगी और फिर तुम कभी नहीं पूछ सकोगे कि नदी तुम बोलती क्यों हो?

••

निबन्ध नहीं होता पूरा

निबन्ध पूरा ही नहीं हो पाता। तो फिर अभी तक जिन्हें निबन्ध कहते रहे वे क्या हैं? वे निबन्ध हैं, लेकिन अधूरे हैं। जब ज़िन्दगी ही अधूरी हो तो निबन्ध पूरा कैसे लिखा जायेगा? निबन्ध तो वही पूर्णता में लिख पायेगा जो जीवन पूर्णता में जी ले। जिस कोण से देखें जीवन अधूरा ही दीखता है तो कैसे कहें कि जो निबन्ध लिखे गये वे अपने-आप में पूर्ण निबन्ध हैं? जीवन तो ख़ुद निबन्ध होता है। कुछ जिसके शब्द-भर लिख पाते हैं, कुछ वाक्य लिख लेते हैं, कुछ उसका एक अंश लिख लेते हैं, लेकिन पूरा निबन्ध अपनी समग्रता में कौन लिख पाया है?

निबन्ध नहीं होता पूरा। वह तो अधूरा ही रहता है और उसे अधूरा ही रहना चाहिए। इसलिए रहना चाहिए कि जिस दिन वह पूरा मान लिया गया उसकी अहमियत ख़त्म हो जायेगी। उसे भी पूजागृह में प्रतिष्ठित कर दिया जायेगा, भक्तगण उसे माल्यार्पित कर उसके अर्थ को नष्ट कर देंगे, इसलिए निबन्ध अधूरा ही रहना अच्छा। पूरा करने की होड़ में जो अनर्थ ईश्वर के नाम पर होता है, वह अनर्थ आदमी के नाम पर न हो, आदमी नाम के निबन्ध के नाम पर न हो, इसलिए निबन्ध की अपूर्णता बनी रहना ज़रूरी है।

मुझे अपनी अपूर्णता और अपने अधूरे निबन्धों पर गर्व है। इसलिए है कि सोचता हूँ डगर तो मिली! निठल्ला बैठा था, चलने तो लगा! कहीं यह अहसास हो गया कि मंज़िल मिल गयी तो सोच लूँगा कि निबन्ध पूरा हुआ, बैठ जाओ और फिर बैठा ही रह जाऊँगा। चलने को विराम न मिले इसलिए निबन्ध लिखता हूँ, निरन्तर लिखता हूँ और अधूरे निबन्ध लिखता हूँ।

आज कई ऐसे हैं जो मानते हैं कि उन्होंने कालजयी रच लिया। वे तृप्त हैं, पूर्ण मानते हैं अपने आपको और अपने शाश्वत सृजन का ख़ुद बखान करते हैं। मुझे लगता है कि ये लोग भले ज्ञान में, उम्र में अनुभव में, समृद्धि में बड़े हों, लेकिन वास्तव में बड़े छोटे और बौने हैं। समुद्र में एक द्वीप पर अपना झण्डा लहरा दिया और उसके अधिपति घोषित कर स्वयंभू सम्राट हो गये। समुद्र में उभरे धरती के एक

छोटे से टुकड़े को अपना साम्राज्य घोषित कर सम्राट बन जाना बड़ा आसान है, आत्ममुग्ध कर देने वाला है, मगर क्या उन्हें यह अनुभव नहीं होता कि उनके इस विदूषक चरित्र पर समुद्र और धरती दोनों ठहाके लगाते होंगे? अनुभव नहीं होता है; इसलिए नहीं होता क्योंकि उन्हें ऐसे अनुयायी भी मिल जाते हैं जो उन्हें भरोसा दिला देते हैं कि आप तो चक्रवर्ती सम्राट हो इस धरती के, समूचे सागर के। ऐसे कालजयी सर्जकों ने हमेशा यह अहसास ज़िन्दा रहने दिया है कि निबन्ध कभी पूरा नहीं होता है। पूर्ण होना, फिर चाहे वह किसी का हो, असम्भव है, इसलिए पूर्ण शब्द की अस्मिता क़ायम है। अपूर्ण होने की अस्मिता इसलिए बरक़रार है क्योंकि उसका नैरन्तर्य भंग नहीं होता।

इन दोनों का अस्तित्व ज़रूरी है क्योंकि जब तक असम्भव विद्यमान रहेगा, उसे सम्भव बनाने की कोशिशें जारी रहेंगी, और जब तक निरन्तरता रहेगी तब तक गति बनी रहेगी, वेग बना रहेगा, प्रवाह थमेगा नहीं। असम्भव और वेग के बने रहने का ही तो दूसरा नाम अधूरा निबन्ध है।

जब आदमी अधूरा, जीवन अधूरा, दुनिया अधूरी तो इन सब पर लिखे जाने वाले निबन्ध कैसे पूर्ण मान लिये जायें? आधे बखरे खेत खलिहान में आधी उड़ी और आधी बिन उड़ी फ़सलें, हरियाते दीखते लेकिन फलहीन वृक्ष, आधे वसन्त पार कर यौवन की दहलीज़ पर खड़ी जोगिया परिधान पहने जोगन, बिना पतवार के मँझधार में डोलती अधूरी नाव, अधूरे पाँव, अधूरे गीत, अधूरी तान, अधूरे स्वर, अधूरा सफ़र, जहाँ देखूँ वहीं अधूरा तो फिर निबन्ध कैसे पूरा हो? इस अधूरेपन के रहते निबन्ध पूरा नहीं होगा। कह सकते हैं कि इस अधूरेपन को तो बने ही रहना है तो क्या कभी निबन्ध पूरा होगा ही नहीं? नहीं होगा। अपूर्णता जब तक है, जब तक अधूरापन विद्यमान है, तब तक पूर्णता का निबन्ध कैसे रचा जा सकेगा?

जिन निबन्धों को पूर्ण निबन्ध कहते हैं, उनसे बड़े कोई अधूरे निबन्ध नहीं। पूरा निबन्ध रचा जा सके–इसके लिए ज़रूरी है कि अधूरेपन को पहले उजागर किया जाये। फिर कोशिश की जाये कि यह अधूरापन दूर कैसे हो? यही कोशिश अगला कदम होगी और इस तरह यात्रा बढ़ेगी आगे की ओर। इस यात्रा के पूर्ण होने की कोई समय की सीमा नहीं–उसे समय में बाँधना भी ठीक नहीं। वह जब कभी पूर्ण होगी, निबन्ध पूरा हो जायेगा। निबन्ध को पूरा करने की कोशिश न की जाये। निबन्ध को सायास पूरा करने की चेष्टा में कई अधूरे निबन्ध भी अच्छे नहीं रचे जा सके। अधूरे निबन्ध ही अच्छे रच लिये जायें बिना इस आकांक्षा के कि कोई कालजयी पूर्ण रचना रच ली, तो भी निबन्ध का लिखा जाना सार्थक होगा। अपने अधूरेपन को जानते, कभी तो पूरा रचा जा सकेगा? यह अभिलाषा बनी रही तो यह अधूरे निबन्ध

की सार्थकता होगी। कई हैं दुनिया में जो अपनी निजी समृद्धि को जग की पूर्णता से जोड़कर देखने का यत्न करते हैं। जाने कितने ध्यानयोगी, कर्मयोगी, अर्थयोगी हैं संसार में जो अपने तईं समृद्ध हैं, अपने आपको पूर्ण मानते हैं, और सोचते हैं कि उनकी जो उपलब्धि है वह जगत की पूर्णता है। उनसे बड़ा कोई अधूरा नहीं। अपनी निजी समृद्धि में जीवन लगा दिया, फिर उपदेष्टा होकर पूर्णत्व का आख्यान करने लगे, ख़ुद अधूरे रहते हुए औरों को राह दिखाने लगे पूर्ण होने की, तो इससे बड़ा कोई छलावा नहीं।

निजस्व के क़ायम रहते पूर्णता नहीं पायी जा सकती। निजस्व है, इसलिए अधूरापन है; निजता के तिरोहण का भाव पूर्णता की सम्भावना को जन्मेगा, लेकिन लोग अपनी निजता में खोये दूसरों को सामाजिक होने, समग्र होने की दृष्टि देने का दावा करते हैं। यही दावा मुझे बार-बार इसी नतीजे पर पहुँचाता है कि निबन्ध अधूरा है अभी। देखता हूँ तो देखता ही रहता हूँ, सोचने लगता हूँ तो सोचता ही रहता हूँ, लिखने लगूँ तो लिखता ही रहता हूँ, और मन यदि रम जाये बोलने में तो फिर बोलता ही रहता हूँ, यह निरन्तरता बनी रहती है, देखने, सोचने, लिखने और बोलने से मन कभी भरता ही नहीं। बीच-बीच में भले उचट जाये लेकिन वह तृप्त नहीं होता। यही अतृप्ति, यही प्यास, यही मन के न भर पाने का भाव बार-बार सहमत कराता है कि निबन्ध को तो अभी पूरा होना ही नहीं। हमारे जिन पुरखों ने बार-बार जन्म लेने की बात कही, वे सच्चे अर्थों में निजता से छुटकारा पाने की आकांक्षा सँजोये रखने वाले लोग थे। एक जन्म के बाद दूसरा जन्म पाने की आकांक्षा के पीछे यह निहित था कि जो इस जन्म में नहीं कर पाये वह अगले जन्म में पूरा कर पाओ और तब तक जन्मते जाओ जब तक कि अपनी निजता नहीं खो दो, समग्र नहीं हो लो; कभी तो ऐसा जीवन जी जाओगे जो तुम्हारे लिए नहीं होगा। मोक्ष और कुछ नहीं सिवाए इसके कि ऐसा अन्तिम जीवन जी लिया जाये जो अपने लिए न हो। इसलिए बार-बार जन्म लेने की बात जिसने कही उसका सार्थक अर्थ यही रहा कि व्यक्ति अपनी वैयक्तिकता से मुक्त होने की कामना में निरन्तर लगा रहे। जिन्हें अमर होने का वरदान मिला वे अमर भले कहे जाते रहे लेकिन निष्प्राण हो किंवदन्ती बन गये।

वैयक्तिकता, निजता से परे हो जाना ही सच्ची अमरता है।

यही अमरता ऐसा पूर्ण परमानन्द देती है जिसके लिए बार-बार मरण ज़रूरी होता है। कबीर इसीलिए मरण की कामना करते हुए विह्वल हो कहते थे–

कब मरिहों, कब देखिहों, पूरण परमानन्द?

पूर्ण परमानन्द से साक्षात् हो जाये तो निबन्ध पूरा होता है, अन्यथा हर जन्म अधूरा निबन्ध है। यह पूर्ण परमानन्द की स्थिति क्या है? क्या आत्मलीन हो, सबसे विमुख होकर ध्यान में खो जायें और तल्लीनता की इसी मनःस्थिति में यह अनुभव करने लगें कि हमने परमानन्द को पा लिया या जप और ध्यान करते, सारे तीर्थों की यात्रा करते, सारी पवित्र नदियों में स्नान करते देह त्याग दें इस सन्तोष के साथ कि यही देह त्याग सच्ची मुक्ति है, परमानन्द का पा जाना है, पूर्ण हो जाना है?

ज़्यादातर यही सोचते और करते हैं, लेकिन कबीर के लिए तो परमानन्द के अर्थ ही दूसरे थे। वे तो आजीवन जूझते रहे आडम्बरों से और यही सोचते रहे कि अभी काम पूरा हुआ नहीं, वह बदलाव नहीं आया जो उनकी व्याकुलता को शान्त कर पाता, उन्हें तृप्त कर पाता, उन्हें परमानन्द दे पाता, इसलिए उनकी कामना रही कि मैं मरते दम तक जूझता रहूँ और यह मरण जल्दी आये क्योंकि तभी तो वह अन्तिम जन्म होगा जिसमें मैं परमानन्द देख पाऊँगा, पूर्णता देख पाऊँगा।

पूर्णता के प्रति उनकी दृष्टि बड़ी मौलिक थी। एक निर्मल मनुष्यता, एक आडम्बरहीन समाज, एक ही जाति जिसका नाम मनुष्य है और एक ही धर्म जो सारे सम्प्रदायों से ऊपर उठकर सिर्फ़ एकता का उद्घोष करता है।

इन अर्थों में कबीर का जीवन पूर्णता की हद तक पहुँचने वाला एक अधूरा निबन्ध है। निबन्ध नहीं होता पूरा। अधूरे निबन्ध ही रचे जाते रहें, यही बड़ी उपलब्धि है, क्योंकि रचाव के रास्ते पर पाँवों के निशान तो बनते रहेंगे।

पाँवों का अस्तित्व रहे, वे निशान बनाते रहें, सपाट रास्ते पर गति दीखती रहे तो लगेगा कि रच लिया निबन्ध, लगेगा कि निबन्ध भले अधूरे रचे लेकिन जीवन तो पूरा जिया है।

●●

राजधानी में लोकधानी तलाशते हुए

राजधानी, राजधानी होती है। राजशाही ख़त्म होने के दशकों बाद भी बड़े फख्र से उस जगह को हम राजधानी कहते हैं जहाँ से लोकतन्त्र की गंगोत्री के फूटने का दावा होता है।

इस जगह को लोकधानी क्यों नहीं कहते?

राजधानी का तो यह मतलब होता है कि जहाँ राजा रहे, जहाँ से राजकाज चले, जहाँ से हुक़्म सुनाए जायें और हुक़्म उदूली की सजा दी जाये। राजधानी के यही अर्थ हमारे सदियों पुराने इतिहास से आज तक चले आ रहे हैं।

हम दावा करते हैं कि राज के अर्थ बदल गये, कोई राजा नहीं रहा, राज्य अब जनता का है और उसके नुमाइन्दे शासन नहीं, प्रशासन चलाते हैं। हुक़्म भी जनता देती है और सज़ा भी वही सुनाती है।

इन हालात में जबकि सारे अधिकार जनता के पास हैं तो फिर अर्थ के साथ संज्ञा क्यों नहीं बदली राजधानी की?

सच शायद यह है कि अर्थ तो बदले ही नहीं कुछ, शब्द-भर बदल दिये गये और जब ये बदलाव लाने की कोशिशें हुई तो 'राजधानी' शब्द छूट गया।

यदि अर्थ बदलते तो यह शब्द खटकता और बदल दिया जाता मगर जब अर्थ ही नहीं बदले तो इस शब्द की व्यंजना के बदलने का भी क्या सवाल? इसलिए राजधानी को राजधानी ही मानना चाहिए। राजधानी में लोकधानी के अर्थ खोजने की गुंजाइश नहीं है।

शुरू-शुरू में जब मैं राजधानी आया तब मेरे भाव दूसरे ही थे। चाहे सचिवालय जाने वाली सड़क हो या किसी 'लोकराजा' के बंगले तक जाने वाली लिंक रोड, वे मेरे लिए जनपथ ही थे लेकिन वक़्त बीतते यह अहसास ग़ायब होने लगे। इन सड़कों पर चलने वाले लोग, बंगलों के बाहर भीड़ लगाये लोग, दमकती कारें, चमकती लाइटें, लाल, हरी, पीली और दूधिया रोशनी की जगमग यह अहसास कराने लगी कि मैं जनपथ पर नहीं राजपथ पर हूँ।

इन सड़कों पर चलने वाले लोगों को मैंने देखा कि वे किसी अधिकार से नहीं चलते। उनकी चाल तो उस याचक की तरह होती जिसकी पीठ पर यातनाओं की ऐसी गठरी हो जिसके बोझ तले उसके कन्धों की हड्डियाँ झुक गयी हों। बंगलों के बाहर खड़े ऐसे याचकों के हाथों में मैंने अर्ज़ियों की ख़ाली कटोरियाँ देखीं और देखा कि बजाय कुछ देने के ये कटोरियाँ रख ली गयीं और बाद में उन्हें बग़ैर देर किये फेंक दिया गया क्योंकि उनसे बंगलों के कालीन गन्दे होते थे।

राजधानी में सिर्फ़ दो क़िस्म के लोग दीख पड़े, लेने वाले और देने वाले, पाने वाला कोई नज़र नहीं आया।

यहाँ विधान मिले, नियम मिले, प्रक्रिया मिली लेकिन क्रिया नहीं मिली। गति का अभिनय हर जगह देखा मगर पायी सिर्फ़ जड़ता और स्थिरता।

एक से एक गाण्डीवधारी धनुर्धर लक्ष्य बेधने को तत्पर दिखाई दिये लेकिन किसी भी ऐसे अर्जुन के आगे कोई मीन नहीं दिखाई दी। आँख वाली मछलियाँ तालाब में तैरते देखीं और अन्धे धनुर्धर लक्ष्य साधते देखे। हाथ चलाये तो मुट्ठियों में सिर्फ़ हवा आ पायी, गुलाब सूँघे तो गन्धहीन निकले, राजधानी के बाज़ार से एक बाँसुरी ख़रीदी, सोचा कुछ मीठे बोल निकालूँगा तो उसके रन्ध्र ही बन्द पाये, मेरी साँस फूल गयी मगर वंशी से कोई स्वर नहीं फूटे।

स्वर से सड़क तक को साधा मगर नतीजा सिफर ही रहा। मैं यहाँ बस ढूँढ़ता रहा लेकिन न तो ताल में डूबने वाले मिले, न अस्पताल में भर्ती होने वाले। यहाँ सब कुछ सुलभ और सब कुछ दुर्लभ मिला।

राजधानी में सैलाब हैं–आदमियों के, कारों के, कला, धर्म और साहित्य के नाम पर चाँदी बटोरने वाले कलाकारों के, हर तरह का काम कराने की ताक़त रखने वाले ठेकेदारों के, अन्दर से पोले लेकिन ऊपर से कर्णभेदी आवाज़ निकालने वाले नक्कारों के, ख़ुशनुमा बहारों के, दिलकश नज़ारों के और सिर्फ़ वज़न को ढोते हुए लहूलुहान काँधों वाले कहारों के भी।

तरह-तरह के इन अन्तहीन सैलाबों का कहीं कोई छोर नहीं है।

राजधानी का कोई कोना सूखा नहीं है, हर जगह या तो सैलाब है या जगह सैलाब गुज़र जाने की वजह से नम है।

राजधानी में राज ही राज है। अफ़सरों का, अवसरों का, ख़बरों का और मसखरों का भी। यह प्रदेश के हर आस्तिक का एक मात्र पवित्र धाम है। चार धामों की आस्था रखने वाले गँवई श्रद्धालुओं के लिए यहाँ कोई जगह नहीं है। इस पवित्र

धाम में बड़े-बड़े मन्दिर हैं, मस्जिद हैं, गिरजाघर हैं, गुरुद्वारे हैं जहाँ प्रार्थनाएँ होती हैं, नमाज़ें अदा की जाती हैं, प्रेयर होती हैं, ग्रन्थवाणी का पाठ होता है। फर्क़ सिर्फ़ इतना है कि इन स्थानों में जिन ईश्वरों की वन्दना की जाती है, वे आम ईश्वर से भिन्न हैं।

राजधानी में पूजे जाने वाले ईश्वरों ने ख़ुद अपने पूजने के लिए स्थान तलाश कर अपने आसपास अपनी-अपनी भक्त मण्डलियाँ जोड़ रखी हैं, अपने-अपने धर्म-ग्रन्थ रच रखे हैं, अपने-अपने पुजारी पाल रखे हैं। इन भगवानों के आसपास झूठे भरोसों के परकोटे हैं और आश्वासनों के तोरण। इनके पास वह सब कुछ है जो सच्चे ईश्वर के पास नहीं है। ये आत्माहीन परमात्मा हैं। इन ईश्वरों के पास अपनी भव्यता का शिल्प तो है लेकिन भावना के प्राण नहीं।

इनके भक्त भी इनकी तरह हैं। वे भक्ति भाव में आकण्ठ डूबे रहते हैं। उनकी आस्था तो स्थिर रहती है, बस आराध्य बदलते रहते हैं। वे ऐसे दिये हैं जिनको अनवरत जलना है। उनका घी कभी ख़त्म नहीं होता, जोत कभी बुझती नहीं मगर उनकी रोशनी सिर्फ़ सिंहासन पर विराजे भगवान के लिए है। भगवान कौन है? इससे उनके कोई सरोकार नहीं।

राजधानी बहुत धार्मिक और बहुत अधार्मिक भी होती है।

यहाँ हर चीज़ का भाव है, कत्थक का भी, कत्थे का भी। अभाव सिर्फ़ कर्म, शर्म और मर्म का है। यहाँ छल के छातों तले मौसम बीतते हैं और छद्म की छत के तले रोज़मर्रा की ज़िन्दगी।

इन छतों और छातों के बिना जीना दूभर है।

मेरी नज़र में राजधानी एक दिल की, लाखों दिलों में पलती, करोड़ों आशाओं से रोज़ की जाने वाली दिल्लगी है।

हालाँकि ऐसा कोई हक़ उसे नहीं मिला था लेकिन उसने हथिया लिया।

राजधानी एक ऐसी तिजोरी है साहूकार की जिसमें लोग आशाएँ गिरवी रख जाते हैं और उनके बदले अपनी मुरादों के पूरी होने के सपने लेकर लौट आते हैं।

सपने पूरे होते नहीं, ब्याज बढ़ता जाता है और आशाएँ इस बन्दीगृह में छटपटाती रहती हैं।

मज़े की बात यह है कि जो भी साहूकार इस तिजोरी का मालिक बनता है वह इन बन्द आशाओं को तुरन्त मुक्त करने की घोषणा करता है पर उसकी घोषणा के दूसरे रोज़ से उस तिजोरी में उड़ती हुई आज़ाद आशाओं की तितलियाँ और पकड़-पकड़ कर बन्द की जाने लगती हैं।

किसी भी राजधानी की रंगीनी उसके ख़ुद के रंगों की नहीं होती, उन तितलियों के पंखों के झरे रंगों की होती है जो तिजोरी से निकालकर उसके कपाटों पर रंग दिये जाते हैं।

राजधानी यन्त्र, तन्त्र और मन्त्र का केन्द्र होती है। यहाँ यन्त्र की भी यन्त्रणा है और तन्त्र की भी। जहाँ दो लोग आपस में मिलते हैं वे या तो एक दूसरे को यन्त्रणा देने लगते हैं या मन्त्रणा करने लगते हैं। राजधानी के आदमी का व्यवहार किसी यन्त्र के पुर्ज़े का-सा भावहीन व्यवहार है, जिसमें सिर्फ़ खटखटाहट गूँजती है। यहाँ का निवासी निकटता के अभाव की समस्या से जूझता है, चाहे यह निकटता स्थान की हो या मन की। हर एक जगह से दूसरी जगह तक के फासले लम्बे हैं। स्थान हों या मन दोनों दूर-दूर बसे हैं। इन फासलों को तय करने के बाद जगहें तो मिल जाती हैं लेकिन मन नहीं मिल पाते। यहाँ के आदमी का मन या तो किसी तन्त्र के चमत्कार की आशा में जीता है या यन्त्रवत बस खटखटाता सा रहता है। मन के मिलाप वाले दृश्य भी यहाँ दीखते हैं लेकिन इन दृश्यों में छुपी भितरघात साफ़ नज़र आ जाती है। यहाँ के फ़क़ीर राजा जैसा अभिनय करते हैं और जो राजा हैं वे फ़क़ीर की मुद्रा में झोली लटकाये घूमते हैं। यहाँ के बंगलों के अन्दर राजा नहीं फ़क़ीर रहते हैं, राजा तो बाहर घूमते हैं तरह-तरह के वेशों में, शक्लों में।

राजधानी एक साहूकार का ऐसा खाता है जिसमें रोज़ सैकड़ों कलमें जमा और नामे माँडी जाती हैं। इन कलमों का जमा-ख़र्च करने वाले सैकड़ों की तादाद में मुनीम हैं। इस खाते में संस्कृति, साहित्य, लोककला, नाट्य और संगीत के लिए भी कुछ पन्ने छोड़े गये हैं जिनमें यदाकदा एंट्रियाँ डाली जाती हैं। खाते के बाकी पन्नों में सिर्फ़ राजनीति और अर्थ की प्रविष्टियों का ही जमा-ख़र्च मिलेगा।

और भी बहुत कुछ है कहने को राजधानी के बार में। यों यह भी कहा जा सकता है कि ऊपर जो कुछ कहा गया वह सिर्फ़ आलोचना ही आलोचना है, राजधानी की गतिविधियों का एकांगी चित्रण है लेकिन यह सब कुछ वही है जिसकी वजह से राजधानी, राजधानी है, लोकधानी नहीं है।

मैं राजधानी में उन मिले हुए मनों को कहाँ ढूँढूँ जो दो होकर भी एक दीखते हैं? आज़ाद उड़ती तितलियों को कहाँ खोजूँ? कहाँ इकलौता ईश्वर पा लूँ और कहाँ ऐसा दिया जिसकी जोत को मालूम हो कि वह किसके जल रही है?

यह तो बिना खोजे सिर्फ़ उस लोकधानी में मिल पायेगा जिसे मैं खोज रहा हूँ।

●●

एकान्त उत्सव

उत्सव, सच्चे उत्सव-समूह में नहीं होते। समूह में जो मनता है वह तो उल्लास है जो बहुतों के एक-साथ जुड़ जाने से उत्पन्न आवेग से फूट पड़ता है। यह उल्लास, थिरकन रच देता है। एक लय में पाँवों की गति को, हाथ की भंगिमा को और चेहरे की मुस्कान को बाँध देता है। एक उल्लास के फूटने, बहने और समूह के बीच बिखर-बिखरकर बँध जाने को हम उत्सव कह देते हैं। उत्सव, समूह के बीच से फूटे उल्लास की सजधज-भरी औपचारिक अभिव्यक्ति है, जो दीखती है, लुभाती है, विभोर करती है और कुछ मीठी स्मृतियाँ सौंपकर विदा हो जाती है।

उल्लासमय सामूहिक उत्साह की यह परिणति क्षणिक होती है। एक ज्वार आया और चला गया; छोड़ गया अपनी मीठी स्मृतियाँ गीली रेत पर; एक उफान आया, कुछ छलका गया; फिर जब थमा तो बर्तन की सतह पर शेष रह गयी एक ठण्डे द्रव की परत। एक अलाव धधका, दूर-दूर तक पीली आँच दिखाई पड़ी और थोड़े अन्तराल के बाद शेष रह गयी गीली रेत और गरम राख। गीली रेत और गरम राख उत्सवों के मना लिए जाने की गवाही हैं। ये समूह के बीच से जन्मे उत्सव सिर्फ़ यही तो छोड़ जाते हैं हमारे लिए, बाक़ी तो वे अपने साथ लिये जाते हैं क्योंकि उन्हें तो कई जगह, कई समूहों के बीच बार-बार मनते ही रहना है। थोड़ी देर बीच में रहकर अकेले छोड़ जाना ऐसे उत्सवों की आदत है।

फिर सच्चे उत्सव क्या हैं? सच्चे उत्सव की आत्मा तो निस्संग एकाकिता है। कोई साथ न हो, सजधज की कोई औपचारिकता न हो, अपने साथ केवल अपना निपट अकेलापन हो, बन्धनहीनता हो तो फिर सच्चा उत्सव हम मनाते हैं। इस उत्सव में उल्लास की साझीदारी कतई ज़रूरी नहीं। आँखें बहती रहें अपने उत्साह में तो उत्सव मनता है। मन में ज्वार-ही-ज्वार आयें, जिनमें रेत का अस्तिव ही समाप्त हो जाये, उफान आये तो फिर छलकने की निरन्तरता भंग न हो और अलाव धधके तो ऐसा कि वह राख के अवशेष न छोड़े, यही सार्थक उत्सव है।

अशेष होकर अवशेष न छोड़ने से बड़ा उत्सव कोई दूसरा नहीं। सबसे बड़ा उत्सव तो अशेष हो जाने का है। अशेष हो जाओ और देह के हर अस्तित्व को भस्म हो जाने दो। अवशेषों को विसर्जित हो जाने दो और कुछ भी शेष न रहने दो-कोई बन्धन, कोई चिह्न, कोई बार-बार अपनी तरफ़ खींचने वाली मोहिनी।

कहेंगे कि यह उत्सव तो मरण है, मरण कोई उत्सव है? है यह उत्सव और कई के लिए रहा, फिर वे चाहे शंकर हों, विवेकानन्द हों या पुराने समय में बुद्ध हों। फ़र्क़ यही है कि हम जीवन की परिणति मरण में देखते हैं जबकि बुद्ध, शंकर या विवेकानन्द जीवन की परिणति मरण में नहीं देखते थे। उनके लिए तो जीवन की हर साँस उत्सव रही और वह आँच भी उत्सव रही जिसके बीच उनकी देह तिरोहित हो गयी। यदि जीवन और मरण के बीच की सीमारेखा का तनाव जो हर पल हमें घेरे रहता है वह दूर हो जाये तो फिर हर पल उत्सव है।

जीवन और मरण दोनों शाश्वत सच हैं तो फिर इस सच को स्वीकारने में हिचक क्यों? क्यों इस हिचक के कारण हम उत्सव को समूह से जोड़ें, क्षणिक उल्लास से जोड़ें, उत्सव के बाद उपजने वाली एकाकिता के दुःख से जोड़ें?

हर साँस उत्सव क्यों न मनाये? क्यों एकाकीपन ही इस साँस के प्राण न बने? क्यों हर स्पन्दन उत्सव में डूबा हुआ न हो?

एकाकीपन यदि उत्सव ख़त्म होने के बाद होने वाले दुःख के बजाय निस्संगता के सुख से जुड़ जाये तो फिर दुःख जैसी कोई चीज़ ही न हो।

उल्लास के थमने से, भंग होने से ही तो दुःख जन्मता है। यदि उल्लास के प्रवाह को अपने एकान्त में जीवन्त रखने की साधना कर लें, अभ्यास कर लें तो फिर वह कौन-सा पल है जो उत्सवहीन हो?

इसलिए सच्चा उत्सव तो वे मनाते हैं जो समूह में जीते ज़रूर हैं लेकिन जो उल्लास के उपजने की बाट नहीं जोहते या वे मनाते हैं जो निपट अकेले रहते हैं, जीवन और मरण के बीच की कोई सीमारेखा उनके मानस में होती ही नहीं।

सम्पूर्ण एकान्त में मनाया जाने वाला उत्सव फिर प्रतिबिम्बों में झलकता है। यह अद्भुत उत्सव है। समूह से दूर अपनी पूरी निस्संगता में एक संन्यासी का उत्सव मनता है–नर्मदा, गोदावरी और गंगा के एकाकी घाटों पर। मन में उत्सव है जो देह से नहीं फूटता, मगर फूटता दिखाई देता है तरंगों में, पल-पल छलकती लहरों में, हल्की-हल्की उनकी जलध्वनियों में।

मन में अनुराग के या विराग के राग हों लेकिन जलतरंग तो इन एकाकी घाटों से सटी जल-सतह पर सुनाई देगी। एकान्त के ये उत्सव बड़े अनूठे हैं क्योंकि इन्हीं उत्सवों में मन बड़े एकाग्र भाव से दृढ़ संकल्प लेता है।

लगता है ऐसी ही एकान्त शान्ति में शंकर ने रेवा के तट पर ओंकारेश्वर में संकल्प ले लिया होगा, विवेकानन्द भी कभी मेघना के तट पर लहरों से दूर डूब रहे होंगे उत्सव में, और सदियों पहले अनोम नदी के किनारे बुद्ध ने भी ऐसा उत्सव मनाया होगा और फिर एकनिष्ठ भाव के साथ पूरे समूह के बीच अपने-अपने संकल्प की कभी न बुझने वाली दीपशिखा को प्रज्वलित कर निकल पड़े होंगे अपने पूरे परिवेश को आलोकित करने।

यही है सार्थक उत्सव जो समूह में न मने, एकान्त में मने और जन्म दे किसी ऐसे संकल्प को जिसकी पूर्ति के लिए देह भले विलीन हो जाये लेकिन जब तक जीवन रहे, हर स्पन्दन उत्सव मनाने में लीन रहे और जीवन के बाद समूचा समाज, उसके भविष्य की पीढ़ियाँ उस संकल्प से प्रेरित हो, तत्पर हो उठें अपनी अस्मिता को बदलने के लिए, नया गढ़ने के लिए, समूह के क्षणिक उत्सवों के कारण बने अस्थायी निर्माणों को तोड़ने के लिए।

सार्थक उत्सव निस्संग एकान्त की कोख से जन्मने वाले दृढ़ संकल्प का पर्याय है।

हम आदी हो गये समूह में उत्सव मनाने के। हम उल्लास की खोज क्षणिक उत्सवों की जगमग में करने लगे, बँधने लगे उनकी लुभावनी औपचारिकताओं में और भूलने लगे वह सहज उत्साह जो हरेक में स्वत: जन्मता है और सच्चे उत्सव की आत्मा होता है।

दीप जलाना वन्दनीय नहीं है, वन्दनीय तो है अपने-आपको प्रकाशमान कर लेना। केशरिया जल से भीगना और भिगोना, वर्ष भर की मलिनता को कुछ समय में दूर कर लेना कोई सच्चा यत्न नहीं है, सच्चा यत्न तो सम्बन्धों की केशरिया क्यारी को सतत सींचते रहने का है; रावण दहन कर राम की जययात्रा का स्मरण कर लेना, दानवता पर विजय पाना नहीं है। सार्थक विजय तो तब है जब मानस की अयोध्या में संघर्ष के ऐसे दीपकमल खिल उठें जो कभी मुरझाएँ नहीं।

यह सब उत्सवकर्मिता है जबकि हम उत्सवधर्मी हैं। कर्म, मर्म है धर्म का, यदि यह मर्म मर जाये तो फिर जो निष्प्राण देह शेष रहती है, वही देह धर्मिता कहलाती है जो मिस्र की उन हज़ारों वर्ष पुरानी ममियों की तरह है जिन पर आभूषण सजे हैं, सजीले परिधान लिपटे हैं, जिन्हें घेरे भव्य पिरामिड खड़े हैं लेकिन जिनके ओठों पर बोल नहीं, देह में कोई गति नहीं, जीवन ही नहीं।

ऐसी धर्मिता की ममी को अपने शिल्प में घेरे खड़े जो पिरामिड हैं वही उत्सव आज के उत्सव हैं, जिनकी कोई अर्थवत्ता नहीं सिवाय इसके कि वे अतीत के किसी मोहक पृष्ठ की सुनहरी इबारत की एक झलक-भर दिखा दें।

इस धर्मिता से मुक्ति चाहिए। कर्म के मर्म से जुड़ने वाली जागृति चाहिए। यह जागृति एकान्त में लिये गये विचारवान और दृढ़ संकल्प से ही आयेगी।

सोये समूह से ज़्यादा श्रेष्ठ संन्यासी हैं क्योंकि बुद्ध और शंकर के उत्सव कभी गीली रेत और गरम राख के अवशेष नहीं छोड़ते।

●●

चलो फिर पास दीये के

चलो फिर चलें दीये के पास। सूरज के पास तो जा नहीं सकते। उसे तो इतना अहंकार है अपने आलोक का कि वह तो उसकी तरफ़ निरन्तर देखने की इजाज़त भी नहीं देता। बस इतना ही अधिकार देता है कि उसकी रोशनी में जीने की आदत डाल लो। लेकिन दिया बिलकुल भिन्न है। उसकी वर्तिका को ख़ुद प्रज्वलित कर लो और फिर दीपशिखा के स्निग्ध आलोक में सारा अँधेरा तिरोहित कर दो, घोर अमावस का वह तिमिर भी जिसे सूरज तक नहीं मेट सकता। दीये की लौ से निकलती रोशनी बड़ी आत्मीय ऊष्मा और उजास देती है; तपन नहीं देती, चुँधियाने की पीड़ा नहीं देती। आँखें चुँधिया जायें तो पलभर अँधेरा छा जाता है, फिर कुछ दिखाई नहीं देता। यह सूरज के दर्प की अभिव्यक्ति है; लेकिन दीये के साथ ऐसा कुछ भी नहीं। झिलमिलाती सारे वातावरण में तैरती ऐसी अहंकारहीन उजास कि जो मुँडेर-मुँडेर और मन-मन, हौले-हौले बड़े अनौपचारिक भाव से प्रविष्ट होती है और फिर हमारे सारे अस्तित्व को बाहर और अन्दर दोनों से जगमगा देती है।

आत्मीयता की आँच से नहला देने वाली दीये की इस रेशमी रोशनी के आगे दिनकर की दैदीप्यमान दीप्ति बड़ी बौनी है।

लेकिन क्या बात है कि ऐसे दीये के पास हम सिर्फ़ दीपावली को ही जाते हैं? दीप की वर्तिका के प्रज्वलन का यत्न, इन दीपशिखाओं की आत्मीय उजास से हौले-हौले अपने पूरे अस्तित्व को जगमग कर लेने का प्रयास, राम और लक्ष्मी का स्मरण कर अपने भावी वर्ष को उजाले और उपलब्धियों से पूरित करने की अभिलाषा क्यों एक त्योहार के रूप में सिर्फ़ दीपावली को जागती है? क्यों जागती है यह लौ? और क्यों यह ज्योति-जागरण सिर्फ़ एक अमावस के तिमिर को तिरोहित करने में सिमटकर रह जाता है? यह त्योहार हमारा है या दीपों का? दीपों की शिखाएँ सिर्फ़ एक रात जाग्रत् हों, झाड़-पोंछकर आरतियाँ सँजो ली जायें और इनमें जल उठें दीप-ज्योतियाँ सिर्फ़ एक रात, तो यह त्योहार तो सिर्फ़ दीपों का हुआ, आरतियों का हुआ, नीरांजनाओं का हुआ, हमारा कहाँ हुआ? हमने जगमगा दिये दीप और फिर

उन्हें अगली दीपावली तक सहेजकर रख दिया तो यह त्योहार तो दीपों का हुआ, हमारा कहाँ? जबकि दीपोत्सव तो हमारा त्योहार है, हमारे उजास से भरपूर हो उठने का त्योहार है। इस त्योहार को हमने प्रकाश से, राम से, लक्ष्मी से जोड़ा है। दीप तो इस उत्सव की अभिव्यक्ति के प्रतीक-भर हैं।

ज़रा पीछे मुड़कर तो देखें कि यह दीपोत्सव हमारा त्योहार क्यों है? क्यों इसे जोड़ा गया लक्ष्मी से, राम से, अन्ततः प्रकाश से और वह भी दीये के प्रकाश से?

लक्ष्मी के वे अर्थ हैं ही नहीं अपनी पूर्णता में, जिन अर्थों में हम आज लक्ष्मी को पूजते हैं। ऋग्वेद के श्री सूक्त में लक्ष्मी के 70 नाम हैं और इन नामों की व्यंजना बड़ी विराट है। 'श्री' का अर्थ केवल वैभव नहीं बल्कि शक्ति भी है, सौभाग्य भी। लक्ष्मी का आशय-सिर्फ़ समृद्धि नहीं, बल्कि लक्ष्मी का अर्थ शुभाशुभ को लक्षित करने, निवास और निर्माण में प्रकृति को प्रेरित करने और ज्ञानस्वरूप लक्षणीया होने से भी है। लक्ष्मी ज्वलन्ती हैं (दीपमयी), हरिणी हैं (पाप-शापों को दूर करने वाली), मनोज्ञा, माता, प्रभासा और भूदेवी हैं। आज भी दीपावली पर ग्वालनों के रूप में लक्ष्मी की मूर्तियाँ गाँव-गाँव बिकती हैं जिनमें एक मूर्ति के दोनों ओर दीपकों की शृंखलाएँ गढ़ दी जाती हैं, यह वास्तव में दीप-लक्ष्मी है–भूदेवी और ज्वलन्ती का सम्मिलित आकार, जो निर्धन लोकमानस को बहुत भाया। वह स्वर्णिम लक्ष्मी तो नहीं पूज पाया लेकिन उसने अपनी दीपलक्ष्मी को गढ़ लिया।

मिट्टी और प्रकाश से बड़ा क्या हो सकता है? इन दोनों से अधिक पूजनीय और कौन होगा? मिट्टी हमारी देह है और आलोक प्राण। हमारे लोकमानस ने दीपलक्ष्मी के इसी रूप की आराधना की, उसके आलोक को भरपूर भर लिया अपनी साँसों में, और फिर अपने कर्म से वह देश के भविष्य को कामना-भाव से गढ़ने में तल्लीन हो गया। लेकिन आभिजात्य ने भूदेवी और ज्वलन्ती को विस्मृत कर दिया। पूजा भी तो 'श्री' को, 'तृप्ता' को, 'महाधना' को, हिरण्यवर्णा और सुवर्णकान्ति को। लक्ष्मी से जुड़ा यह त्योहार बहुत पहले बिना किसी भेदभाव के 'कौमुदी महोत्सव' के रूप में मनाया जाता था जिसका उद्‌देश्य था शरद का स्वागत करना, लेकिन बाद में यह दीपमालिका-उत्सव बन गया। ब्रह्मपुराण में यह 'मंगल मालिका' पर्व है और उससे पहले 'धान्योत्सव'। धान्योत्सव एक लोकपर्व था जिसमें शनैः-शनैः परिवर्तन आया और यह धान्योत्सव केवल धन-उत्सव बनकर रह गया। धान्य के विस्तार से आरम्भ होकर धन में सिमट जाने की यह महापर्व यात्रा, हमारे संकुचित होते संस्कारों की यात्रा रही जबकि हमारे पुरखों की यह क़तई मंशा नहीं थी कि इस यात्रा की परिणति ऐसी हो। हमारे पुरखों के लिए धान्य पूज्य था, भूदेवी पूज्य थी, ज्वलन्ती पूज्य थी और सही अर्थों में हमारा लोकमानस आज जिस ग्वालन को

पूजता है, ज्वलन्ती और भूदेवी के समन्वित आकार को पूजता है, वही इस महापर्व की आत्मा और उजास की सच्ची अस्मिता है।

इस पर्व को राम से जोड़ा गया। राम जब अयोध्या इसी दिन लौटे तो समूची अयोध्या इनके स्वागत को तत्पर हो उठी, अपने हाथों में दीपशिखाएँ थामे, आँगन-आँगन, द्वार-द्वार दीपक जलाये गये। राम के अयोध्या लौट आने की ख़ुशी में जलाये गये दीप राम के व्यक्तित्व का अभिनन्दन करने के लिए जलाये गये दीप नहीं थे, वे तो उस महान् कर्म की आरती उतारने को जलाये गये दीप थे जिस कर्म-शक्ति ने दानवता का अन्त किया। लेकिन कर्म को ज्योतिर्मय करने की अपेक्षा हम व्यक्ति को ज्योतिर्मय करते गये।

फिर यह व्यक्ति भी विलीन हो गया और शेष रह गये दीप। कर्म का स्थान व्यक्ति ने लिया, व्यक्ति का स्मृति ने, और स्मृति की जगह दीप ने ली और इस तरह यह 'अनुभूति-पर्व', प्रतीति-पर्व, एक प्रतीक-पर्व में बदल गया। सोचने के ढंग में बड़ा अवसरवादी बदलाव आता चला गया, प्रतीति लुप्त होती चली गयी, कर्म-ज्योति का नि:शेष होना शुरू हुआ और शेष रह गयी वह राख जो प्रतीति को प्रतीक बना गयी।

जब तक यह चिन्तन का ढंग नहीं बदलता, हमारे पूर्वजों की उस भावना का सम्मान नहीं होगा जिससे प्रेरित हो उन्होंने राम और लक्ष्मी की सार्थकता के रूप में यह उत्सव हमारी परम्परा की माला में गूँथा। उन्होंने कर्ममय राम की आराधना के लिए, एक समर्थ इच्छा-शक्ति की अभ्यर्थना के लिए यह पर्व रचा, क्योंकि गतिशील कर्म ही राम है और दृढ़ इच्छा शक्ति लक्ष्मी।

हमारे शिल्प को देखें, लक्ष्मी को माता के रूप में बहुत उकेरा गया। माता के रूप में लक्ष्मी का प्राचीनतम शिल्प तीसरी सदी ईसापूर्व के सातवाहन काल का है। तक्षशिला से प्राप्त मौर्यकालीन लक्ष्मी की मातृ-प्रतिमा जो दूसरी या तीसरी शताब्दी की है, वह विक्टोरिया एंड एल्बर्ट म्यूज़ियम लन्दन में है। मथुरा संग्रहालय में एक शुंगकालीन लक्ष्मी की मातृ-प्रतिमा है जो दूसरी सदी ईसापूर्व की है; माथुरी कला का एक बेहद सुन्दर शिल्प है, यह कुषाण कालीन है। इसमें उनके अन्नपूर्णा स्वरूप को प्रदर्शित किया है। इस मूर्ति में लक्ष्मी अन्न की बाली लिये हुए है जो यह प्रदर्शित कर रही है कि माता के दूध और अन्न से प्राणियों का भरण-पोषण होता है। सप्तमातृकाओं में एक माता लक्ष्मी है। लेकिन लक्ष्मी का यह मातृ-रूप, अन्नपूर्णा-रूप खो गया, उनका सुवर्णा-रूप स्वर्ण में खो गया, जबकि यह सुवर्ण-निधि सभी की है क्योंकि वह माता है, अन्नपूर्णा और तर्पयन्ती है। लक्ष्मी को शुभ्रता से, पद्म से, सौभाग्य से जोड़कर शिल्पित किया गया, लेकिन यह परम्परा भी उनके स्वर्ण-स्वरूप में सिमट गयी।

तथ्य यही है कि चाहे हमारा आदिचिन्तन हो या शिल्प, चित्रांकन हों या लक्ष्मी के स्मरण का कोई और प्रसंग, समृद्धि, वैभव और आभिजात्य कभी लक्ष्मी के अस्तित्व के मूल में नहीं रहे। यह केवल हमारे संकीर्ण सोच की परिणति रही कि लक्ष्मी और राम को हमने इच्छा-शक्ति और कर्म से परे कर दिया।

प्रश्न यह है कि क्या अँधेरा वही जो हमारी आँखें देखें? क्यों रोशनी वही जिसमें जीने की हमें आदत हो गयी? क्या अँधेरा और आलोक वही जो हमारी आँखों की पुतलियाँ परिभाषित करें? क्या दीपावली के मायने यही कि एक अमावस के अन्धकार को दीपशिखाओं का प्रकाश सिर्फ़ एक रात के लिए निगल ले और दूसरी रात भरपूर हो अँधेरे से?

नहीं; सही तो यह है कि अँधेरा वहाँ समाया है जहाँ आँखों की पुतलियों की पहुँच नहीं। अँधेरा और उजाला, दोनों ही वहाँ तक विद्यमान हैं जहाँ तक आँखों के देख पाने की क्षमता नहीं। हम एक भ्रम में जी रहे हैं। अँधेरा है, पर मान बैठे कि वह दूर हो गया; रोशनी गुल है, मगर हमें चिराग़ जलते दीख पड़ रहे हैं। यही भ्रम दूर होना ज़रूरी है, अन्यथा कृत्रिम दीपावलियों को मनाने का सिलसिला थमेगा नहीं।

हमारे पुरखों ने इसीलिए दीये के पास जाने की बात कही कि हम कभी इस भ्रम को न पनपने दें; उस उजास को भरपूर अपनी साँसों में भरते रहें जिसके जन्मदाता हम स्वयं होते हैं। दीये के प्रकाश से अन्तत: इस पर्व को जोड़ने के पीछे यही भावना थी कि हम स्वयं प्रकाश पैदा करें और प्रकाशमान हो उठें। हम दीपलक्ष्मी को पूजें जो आलोक और मिट्टी को गूँथकर हमारी आदि-निश्छल चेतना ने बनायी। उस कर्मण्यता की अभ्यर्थना करें जिसके सच्चे प्रतीति-पुरुष राम थे।

मेरा छोटा बच्चा अभी-अभी बाज़ार से एक ग्वालिन ख़रीद लाया है, मिट्टी की मूरत जिसके दोनों ओर दीप-श्रृंखलाएँ गढ़ी हैं। उसके ओठों पर मुस्कान तैर रही है। ज्यों-ज्यों उसकी मुस्कान गहराती है, त्यों-त्यों उस मूरत के आसपास गढ़े दीये अपने-आप मानो प्रज्वलित हो उठते हैं। देखता हूँ शिखाएँ ऊपर उठ चलीं और अन्दर-बाहर दोनों का तिमिर तिरोहित हो चला।

यह सार्थक दीपावली है। दीये के पास मैं भी हूँ, मेरा भविष्य भी; उसकी उजास में दोनों भीगे हैं। मेरे द्वार के भीतर विराजी इस दीपलक्ष्मी को दोनों अपनी अँजुरियों में भरे प्रणाम बिखेर रहे हैं और द्वार के पार बिखर रही हैं आने वाले दिनों की सुनहली किरनें।

●●

पलाश वन को लाँघते

मार्च-अप्रैल में जब कभी निमाड़ के सुदूर अंचलों में दौरे पर जाता हूँ तब तपती के बीच भी गाड़ी के काँच उतार लिया करता हूँ। ड्राइवर से कहता हूँ गाड़ी हौले-हौले चला। गाड़ी दौड़ती रहती है ऊबड़-खाबड़ सड़क पर और निहारती रहती है पलाश-वन। कतार की कतार टेसू (पलाश) के फूलों से लदे हुए वृक्षों की दीखती है, और वृक्षों के नीचे अंगारे बिछे दीख पड़ते हैं।

एक ठण्डी केशरिया आँच के बीच का सफ़र बहुत सुगन्धमय होता है। मन भर जाता है एक मादक गन्ध से, ऐसी गन्ध से जो होती ही नहीं। वास्तव में टेसू गन्धहीन होता है। लेकिन मन यदि लबरेज़ हो संवेदना से, तो सबसे ज़्यादा ख़ुशबू उन्हीं फूलों की महसूस होती है जो गन्धहीन होते हैं, फिर वह चाहे टेसू हो, गुलमोहर हो या अमलतास।

यह मादक गन्ध इस टेसू के पौरुषमय सौन्दर्य की गन्ध होती है जो मन के पुरुषार्थ को जगाती है। यह गन्ध नासिका के रन्ध्रों की गन्ध नहीं, बल्कि पूरे शरीर के रोम-रोम में समा जाने वाली गन्ध होती है। मेरी पूरी देह टेसू के वृक्षों की कतार के बीच गुज़रते झंकृत-सी होती है; वह ख़ुद पलाशमय हो जाना चाहती है, टेसू की कतार में खड़ी हो जाना चाहती है, लेकिन तभी गाड़ी आगे बढ़ जाती है, पलाशवन पीछे छूट जाता है।

अब आँखों के सामने कहीं बबूल है, कहीं झाड़ियाँ, कहीं नीलगिरि और कहीं न जाने कौन-कौन-से अपरिचित वृक्ष, जो भले हरे हों लेकिन मोहते नहीं। पलाश-वन को कब लाँघ लिया, यह ज्ञात ही नहीं हो पाता। आँखों के सामने अब बबूल हैं और पीछे टेसू, लगता है जैसे कोई गर्मी में नर्मदा के ठण्डे जल में डूबा रहके, निकले किनारे पर और तुरन्त उसके पाँव तपती रेत पर पड़ें।

मुझे बबूल से कोई नफ़रत नहीं। बड़ा हरा-भरा वृक्ष होता है जिसकी पत्तियाँ और कोमल काँटे पशु बड़े चाव से खाते हैं, लेकिन इसके अलावा बबूल के

अस्तित्व की अहमियत नहीं। उसके कठोर काँटे बहुत चुभते रहे हैं और इन काँटों से हर यात्री के पाँव लहूलुहान होते रहे हैं। जाने कितनी सदियाँ बबूल की वजह से रक्तिम पदचिह्नों की साक्षी बनीं। इसलिए बबूल कभी किसी रचनात्मक बोध का पर्याय नहीं बन पाया और टेसू बहुत बाँधता रहा हर मन को।

ये पलाश के मोहक और अल्पजीवी वन बड़ी जल्दी लाँघ लिये जाते हैं। इनकी शोभा का अस्तित्व बड़ा अस्थायी होता है। इनकी याद सिर्फ़ बसन्त में आती है। ऐसा क्यों नहीं होता कि पलाश की यह केशरिया शोभा मन में बारहों मास विराजी रहे, उसका पौरुषभरा सौन्दर्य हमें हर पल उद्वेलित करता रहे? जब-जब दौरे पर जाता हूँ, इन वनों को थोड़े-थोड़े अन्तराल के बाद निहार आता हूँ और गन्तव्य तक पहुँचने पर फिर इन बबूलों में उलझ जाता हूँ जो मेरी बाट शहर में भी जोहते रहते हैं।

जब निमाड़ और उससे सटे हुए अंचलों में टेसू अपने पूरे यौवन में खिला होता है, तभी इन अंचलों में भगोरिया की हाटें भरनी शुरू होती हैं। शांइदा (ताड़ी) पिये आदिवासी के हाथ में पावली (बाँसुरी) होती है, सिर पर रंगीन पगड़ी या झकाझक टोपी। वह अपने मन में पूरे वसन्त को समेटे प्रणय रचाने निकल पड़ता है और उसकी इस मोहक छवि को निहारती बालाएँ डोलती रहती हैं। अपना पूरा श्रृंगार कर आँखों से निहारती रहती हैं, अपने मन में रम जाने वाले प्रणय-पुरुष को। प्रणय के इस भोले व्यापार के साक्षी होते हैं बर्फ़ के रंगीन लड्डू, गुड़ की जलेबी और गुलाल। मादल की थाप पर ताड़ी की मदहोशी में पैर थिरकते हैं और यह थिरकन तभी थमती है जब दोनों एक-दूसरे के गाल पर गुलाल मल देते हैं, एक-दूसरे को पान खिला देते हैं और फिर दोनों एकात्म होने इस सारे उत्सव को छोड़कर एकान्त में, टेसू के वनों में ओझल हो जाते हैं।

इस प्रणय-उत्सव की परम्परा के कई क़िस्से हैं। कहते हैं यह उमा-महेश्वर की प्रणय-परम्परा का प्रतीक है या अलीराजपुर तहसील के भगोर ग्राम से इसकी शुरुआत हुई, लेकिन इतिहास की ये किंवदन्तियाँ इस प्रणय-उत्सव की स्वाभाविक जीवन्तता के आगे फीकी हैं। निसर्ग के आँगन में इस भोले प्रणय की भंगिमाओं की छटा हर वसन्त को वसन्त बनाती है। आदिवासी का निश्छल प्रणय, उत्सव को प्राणहीन औपचारिकता से मुक्त करता है। उसका प्रणय बड़े सहज भाव से आलिंगनमय होता है। भुजपाश में बाँधने के लिए वह वरमालाएँ नहीं सहेजता, तोरण द्वार नहीं सजाता; गुलाल को मुट्ठियों में भरता है और पान के बीड़े उसके आजीवन बन्धन के साक्षी पुरोहित बन जाते हैं। इस मौसम में इन मस्त आदिवासियों की टोलियाँ बेपरवाह घूमती दीख पड़ती हैं। मेरी गाड़ी इन टोलियों के बीच से निकल

जाती है और बड़ी हसरत से निश्छल भाव को निहारते मैं बबूलों की ओर बढ़ा चला जाता हूँ।

अपने आसपास के अंचल के आँचल में इतना सब-कुछ बिखरा है, लेकिन क्यों मैं उसकी निश्छलता और पौरुष-भरे सौन्दर्य से एकात्म नहीं हो पाता? क्यों पलाश के वन बड़ी जल्दी पीछे छूट जाते हैं और बबूल पीछा नहीं छोड़ते? क्यों सिर्फ़ शब्द इस बोध को लिख-भर देते हैं और बाद में इन शब्दों के प्राण भी खो जाते हैं और बोध की जीवन्तता भी? कभी-कभी यह भी सोचता हूँ कि क्या सिर्फ़ जीवन-भर प्रश्नों की ही लड़ाई लड़ना है और क्या कभी सन्तोष के समाधान मिल पायेंगे?

लगता है यह चिन्तन ही ऐसे प्रश्नों को जन्म देता है। मैं अपने अंचल की निश्छलता और है अपने आसपास फैले निष्पाप निसर्ग के सौन्दर्य से एकात्म हो सकता हूँ। मैं सँजो सकता हूँ टेसू के पौरुष-भरे सौन्दर्य को अपने-आप में। मैं शब्द भी प्राणवान बनाये रख सकता हूँ और बोध भी। मैं ज़रूर सन्तोष और तृप्ति के समाधान पा सकता हूँ। लेकिन इस सबके लिए मुझे अपना आभिजात्य त्यागना होगा, अपना दोमुँहापन छोड़ना होगा, तोड़ना होगा उन अहं के पर्वतों को जो मेरे और इस पलाश-वन के बीच खड़े हो गये हैं। इस तोड़ने से ही जुड़ाव जन्मेगा। यही तोड़ना शब्दों को अर्थवत्ता देगा, यही त्याग एकात्म स्थापित करा पायेगा।

जब तक कर्म और विचार के धरातल पर पारदर्शिता नहीं पैदा होगी, तब तक ये प्रश्न जन्मते ही रहेंगे। इस प्रश्नावली का अन्त नहीं होगा।

हम इतने विचारों, दर्शनों और उपकरणों में उलझे हुए हैं कि यह उलझाव एक बाधा बन गया है। हम साधना चाहते हैं दोनों छोरों को, लेकिन सन्तुलन क़ायम नहीं रहता। सध जाने और साध लेने में बड़ा फ़र्क़ है। सध जाना सहज है, लेकिन साध लेना बड़ा कृत्रिम और कठिन है। साध लेने के चक्कर में कई सवाल पैदा होते हैं और सवालों के इस भँवर में आदमी खो जाता है। जबकि सध जाना, सायास कभी नहीं होता, सध जाना बड़ा स्वाभाविक हुआ करता है। सध जाने में कोई कृत्रिमता नहीं होती। जो साधने की कोशिश करते हैं उनसे सधता नहीं; सध उनसे जाता है जिन्हें साधना नहीं आता। सधा तुलसी से, कबीर से, मीरा से, निराला से, और नहीं सधा तो उन असंख्य साधकों से जो सायास इतिहास में सुरंग लगाकर पैठने की कोशिश करते रहे।

गाड़ी दौड़ती जाती है सड़क पर। सड़क कहीं सीधी है, कहीं बल खायी। वर्तमान की यह सड़क हमारे अतीत का अक्स है। इतिहास कभी सपाट है तो कभी इतना घुमावदार कि उसमें कहाँ खो जायें; मालूम नहीं। यह सड़क भी अतीत से आज तक साधने वालों की याद दिलाती है। इस सड़क से कई साधक गुज़रे, लेकिन

उनके पाँवों के निशान तक इसने सहेजकर नहीं रखे। इसने सिर्फ़ अपना अस्तित्व ही सहेजकर रखा और वह अस्तित्व भी सदैव एक जैसा नहीं रहा। कभी उसे किसी ने सीधा किया, किसी ने टेढ़ा। क्या मायने हैं ऐसे अस्तित्व के जो अपने स्वाभिमान की क़ीमत पर क़ायम रखा जाये? सोचता हूँ यह सड़क भी उन साधकों की तरह निकली जो सिर्फ़ साधने में लगे रहे। इन साधकों की तरह इस सड़क का भी मूल रूप जाने कब विलीन हो गया। ऐसी सड़क से वह पगडण्डी प्रणम्य है जो रुनकता में बनी सूर की जीर्ण-शीर्ण कुटी से यमुना के गऊ घाट तक जाती है। वह पक्की और चमकदार नहीं है। पत्थर हैं, कंकर हैं, धूल ही धूल है उस पगडण्डी पर; लेकिन उस पर चलो तो सूर के रस में मन की समूची अस्मिता भीग जाती है। यह सहज सध गयी पगडण्डी है जिसने अपने अस्तित्व को कभी सँवारे जाने की कोई कोशिश नहीं की। ऐसी सहज-सधी पगडण्डियों पर चलो तो बेहद याद आते हैं बुद्ध और महावीर, जिन्होंने राजमार्गों को त्यागा और इन पगडण्डियों की धूल को रस से सराबोर कर दिया।

पगडण्डी सहज सध जाने का नाम है और सड़क है साधने की कोशिश।

मैं गाड़ी में बैठकर पलाशवन को सड़क पर दौड़ते हुए लाँघ जाता हूँ, लेकिन वे भगोरिया में शामिल होने वाले भील जाने कहाँ की पगडण्डियों से आते हैं और प्रणय-भाव में डूबे उत्सव के चलते एक-दूसरे के गालों पर गुलाल मलकर पलाश-वन में खो जाते हैं, उससे एकात्म हो जाते हैं।

इतिहास में न उस सड़क को रहना है, न उस गाड़ी को, न मुझे, लेकिन जब तक सृष्टि है तब तक ये पगडण्डियाँ भी रहेंगी, ये निश्छल युगल भी, टेसू के केशरिया वन भी।

मैं तो सिर्फ़ उसी साहस की प्रार्थना करता हूँ जिसके बूते पर मैं गाड़ी से उतरकर टेसू के वृक्षों की कतार में गन्ध से सराबोर हो खड़ा रह जाऊँ।

••

वृक्ष अभिमन्यु

रास्ते में एक हरियाला वृक्ष देखा–हरे-हरे बड़े-बड़े पत्ते, कसी हुई टहनियाँ जिन पर झूलती फुनगियों पर फूटने को आतुर हल्की ललाई लिये कोंपलें, पुष्ट तना और गीली जड़ें। यह वृक्ष ज़मीन पर पड़ा था। जड़ें ज़मीन छोड़ चुकी थीं, प्राण कोंपलों में, टहनियों में थे–लेकिन समूचे वृक्ष में नहीं। आसपास कई वृक्ष खड़े थे और यह वृक्ष हरी दूर्वा पर निश्चेष्ट पड़ा था। पावस में हरे-भरे चहचहाते जंगल के बीच इस जवान वृक्ष की निश्चेष्ट पड़ी देह मन को गहरे भिगो गयी। इस वृक्ष के आसपास खड़े वृक्षों की नीयत मैं तत्काल नहीं जान पाया, मैं नहीं समझ पाया कि ये क्या वे कौरव हैं जिन्होंने इस भोले अभिमन्यु को घेरकर उसके प्राण ले लिये या वे पाण्डव जो अपने पुत्र की मृत्यु पर शोक प्रकट कर रहे हैं?

वृक्ष बोलते नहीं, लेकिन उनकी भंगिमाएँ उनकी भाषा होती हैं। ग़ौर से देखा तो पाया कि अपराधी-भाव से अपनी पत्तियों को नीचे झुकाये ये वृक्ष वास्तव में कौरव हैं। इन्होंने इसे घेरा होगा। जिनको ये झुकाये खड़े हैं, इन्हीं पत्तों के सामूहिक झंझावात ने हवा को बहकाया होगा और और फिर उस हवा ने इस वृक्ष की जड़ें उखाड़ दी होंगी। यह वृक्ष आश्वस्त रहा होगा कि यह झेल लेगा झंझावात और निकल आयेगा आँधियों के चक्रव्यूह से, लेकिन वह निकल नहीं पाया। जब यह वृक्ष जन्मा होगा तो यही वृक्ष बड़े आह्लादित हुए होंगे उसके जन्म पर, उसे पोसा होगा। इन्हीं बुज़ुर्ग वृक्षों के नेह की धूप में उसकी पत्तियाँ फूटी होंगी, तने ने सुपुष्ट आकार लिया होगा; लेकिन जब यह जवान हुआ होगा तो बदले परिवेश में यही बुज़ुर्ग वृक्ष उसके शत्रु बन गये होंगे। इस जवान वृक्ष ने अपनी तरुणाई पर भरोसा किया होगा और उनके षड्यन्त्र के चक्रव्यूह में घुस गया होगा। लेकिन उस तरुणाई के आवेश में वह यह भूल गया कि बुज़ुर्गों की गोपन व्यूह-रचनाएँ तरुणाई को प्रवेश तो आसानी से दे देती हैं लेकिन प्रभुत्व अपना ही बरक़रार रखती हैं, और जो उनकी इस व्यूह-रचना का ध्वंस करने की हिम्मत करता है उसे ये बख्शती नहीं, उसकी तरुणाई के संकल्पों

पर हमेशा के लिए विराम लगा देती हैं। यह जवान वृक्ष भी इसी व्यूह में फँसकर मारा गया।

आज जब यह हरियाला जवान, हरी दूर्वा पर पड़ा सद्यमृत वृक्ष देखा तो लगा कि महाभारत कहाँ ख़त्म हुई? महाभारत कोई इतिहास-ग्रन्थ नहीं, न ही कहानी है। बल्कि वह तो हर सन्दर्भ और प्रसंग में बार-बार दुहराये जाने वाले घटनाक्रमों की एक संहिता है, भारतीय दण्ड संहिता की तरह कि जिसमें अपराध परिभाषित हैं जो होते रहते हैं और उन्हें इन परिभाषाओं के साँचों में बिठाकर आरोप गढ़ दिये जाते हैं। आसपास देखो तो जाने कितने विवश भीष्म, अन्धे धृतराष्ट्र, कुटिल शकुनि, पापी दुःशासन और स्वार्थी दुर्योधन मिल जायेंगे, जिनके पीछे उनकी जय-जयकार करने वालों की भीड़ होगी, लेकिन यह भीड़ भीष्म की विवशता को जानते हुए भी उसे व्यक्त नहीं करेगी और दुर्योधन के स्वार्थों का हर मंच से तालियाँ बजाकर औचित्य सिद्ध कर देगी। नहीं, मन नहीं कहता कि महाभारत ख़त्म हो गयी। ख़त्म हो गयी होती तो यह हरियाला जवान वृक्ष भर-पावस में ज़मीन पर गिराया हुआ, घेरकर मारा गया नहीं दीखता।

कहते हैं बहुत दूर थे पाण्डव वहाँ से जहाँ अभिमन्यु जूझ रहा था। मुझे भी जंगल में दूर-दूर तक पाण्डव नहीं दीखे, कोई ऐसे वृक्ष नहीं दीखे जो रुदन कर रहे हों। वे होंगे कहीं दूर वन में जूझते। आज भी पाण्डवों की यही स्थिति है। बेचारे अलग-थलग कर दिये गये हैं। कोई उन्हें पहचानता नहीं। वे अकेले जूझ रहे हैं। जब उनकी कहानी ख़त्म हो जायेगी तब उनके माहात्म्य रच दिये जायेंगे, लेकिन अभी उनकी कोई मान्यता नहीं। महाभारत में पाण्डव नहीं जीते, असली जीत तो कौरवों की हुई जो भले दैहिक रूप से मार दिये गये हों लेकिन जिनका कौरवपन जीवित रहा। दुर्योधन का स्वार्थ, शकुनि की कुटिलता, दुःशासन का अश्लील दुस्साहस और भीष्म की विवशता तो आज भी ज़िन्दा है। और पाण्डव, वे भले जीवित रहे लेकिन जीतकर भी हार गये। युधिष्ठिर का सत्य, अर्जुन का पराक्रम और भीम का पौरुष यह सब-कुछ हिमालय की बर्फ़ में विगलित हो गया। पाण्डव अतीत हो गये, अभिमन्यु के रूप में जो भविष्य वे दे सकते थे वह सदैव के लिए छिन गया।

महाभारत वास्तव में एक आशापूर्ण भविष्य के छीन लिये जाने की कहानी है जिसके माहात्म्य पर हम गर्व कर लिया करते हैं।

यह निष्प्राण पड़ा हरियाला पेड़ यही कह रहा है। उसे घेरे जो शोक का छद्म प्रदर्शन करते वृक्ष खड़े हैं वे वास्तव में कौरवों की कुटिल वृत्तियों के प्रतिनिधि हैं।

ऐसे पेड़ बहुधा दिख जाया करते हैं। पहले कम दीख पड़ते थे, अब ज़्यादा दीख पड़ते हैं। ज़्यादा शायद इसलिए कि जंगल अब अभिमन्यु सहन नहीं करते। उनकी तो कोशिश होती है कि कोई अभिमन्यु जन्मे ही नहीं। लेकिन अभिमन्यु की पहचान बचपन में नहीं होती। वह तो जब तरुण होता है तब विद्रोही हो जाता है। अभिमन्यु की पहचान बचपन में होने लगती तो ये बुज़ुर्ग वृक्ष कंस की तरह उसे जन्मते ही मारने का षड्यन्त्र रचने लगते; लेकिन उसकी पहचान तरुणाई में होती है। उसके तरुण होने तक तो भरोसा रहता है कि वह विद्रोही नहीं होगा, मगर जब वह हो जाता है तो गोपन चक्रव्यूह में उसे फाँस लेने की प्रक्रिया शुरू हो जाती है। इसी प्रक्रिया का चलते रहना यह अहसास ज़िन्दा रखता है कि महाभारत ख़त्म नहीं हुई। अभी-अभी मारे गये वृक्ष-अभिमन्युओं के आसपास जो शोक की मुद्रा का छद्म धारण किये वृक्ष खड़े रहते हैं वे वास्तव में कभी मरते नहीं। वे बुढ़ाकर ठूँठ हो जायें, गिर जायें या काट डाले जायें, उनकी नस्ल नहीं मिटती। कौरवों के जंगल उगते चले जाते हैं, अभिमन्युओं की जड़ें उखड़ती जाती हैं, पाण्डव अकेले जूझा करते हैं और बाद में विजयी होने के बाद भी हिमशिखरों की ओर जाने वाले रास्तों के बीच विगलित हो जाया करते हैं।

यह जय नहीं, पराजय है और यह पराजय नहीं, जय है। जयी आज भी कौरव ही हैं और पराजित हैं पाण्डव।

चला आ रहा है सदियों से समय के पथ पर इतिहास का कारवाँ पाण्डवों का जयगान करते, लेकिन इस काफिले में कहीं पाण्डव नहीं हैं, उनके वंशज भी नहीं हैं, वे तो मारे जा चुके। इस काफिले में पाण्डवों का जयघोष कर उपलब्धियों को बटोर लेने वाले कौरवों के वंशज हैं। यह काफिला कभी थकेगा नहीं, क्योंकि इसमें वे अश्वत्थामा भी शामिल हैं जिन्हें अमरता का वरदान प्राप्त है। वे कहाँ ख़त्म होंगे!

क्या विडम्बना होती है इतिहास की कि वह अतीत के रचे गये छद्मों को, वर्तमान को भी सौंप देता है और भविष्य को भी और इस तरह वर्तमान और भविष्य दोनों जय में छुपी पराजय को और पराजय में छुपी जय को अपना लेने के लिए बाध्य कर दिये जाते हैं! कोई सच को उजागर नहीं करता, साहस नहीं सँजो पाता इस छद्म को तोड़ने का और युग के युग रौंद दिये जाते हैं। जो साहस करता है उसे या तो ज़हर का प्याला थमा दिया जाता है, कीलें दे दी जाती हैं स्वयं अपनी देह में ठोंकने के लिए या वह रस्सी जिससे वह ख़ुद अपना गला घोंट सके, अपनी वाणी को चिर-विराम दे सके।

यह होगा कब तक? क्या इन वृक्ष-अभिमन्युओं की नियति कभी बदलेगी? क्या कभी इन कौरवों के जंगलों के उगने पर विराम लगेगा? क्या कभी ऐसा हो पायेगा कि पाण्डवों का जयघोष करने वाले काफिले का नेतृत्व कौरवों के वंशज न करें? क्या कभी अश्वत्थामा की मृत्यु-तिथि तय होगी? क्या कभी ऐसा भी होगा कि भीष्म की विवशता जानी जायेगी, शकुनि और दुर्योधन का छद्म पहचाना जायेगा? क्या ऐसा हो पायेगा कि हम कह सकें कि अब महाभारत अन्तिम रूप से ख़त्म हो गयी? ऐसे जाने कितने अगणित प्रश्न हैं। जंगलों में जाता हूँ तो हर वृक्ष ही एक प्रश्न-सा दिखाई देता है। जंगल प्रश्नों के हो गये और हमने भी सारे प्रश्न जंगलों को सौंप दिये। ये प्रश्न जंगलों में कौरव बन जाते हैं। कुछ अच्छे सवाल जो अभिमन्यु बनने की कोशिश करते हैं, वे मार दिये जाते हैं, उनकी जड़ें उखाड़ दी जाती हैं। प्रश्न वहीं खड़े रहते हैं जिनके खड़े रहने से ही जंगल का मौन बना रहे। जो सवाल इस मौन को भंग करने की कोशिश करता है उसका हश्र अभिमन्यु की तरह होता है।

मौन प्रश्न ही तो शोभा हैं आज के जंगलों की!

ये प्रश्न यदि अपने उत्तर तलाशना शुरू कर दें तो ज़रूर बदलाव आ सकता है। यह तलाश एक तराश में तब्दील हो सकती है। यह तराश गढ़ सकती है एक महाभारत–विहीन मनुष्यतावाला समाज। यह तराश जन्म दे सकती है एक नयी जीवन-पद्धति को जिसके संघर्ष का ध्येय अपने ही पुत्र अभिमन्यु को मार डालने का न हो, बल्कि उसकी तरुणाई को सहेजकर रखने का उसे और सुपुष्ट बनाने का हो, जो पराजित कर सके कुटिलता को, स्वार्थ को, छद्म को।

मगर ये प्रश्न कुछ नहीं करते, बस प्रश्न बने खड़े रहते हैं। आज ज़रूरत तो उत्तरों की है, जवाबों की है। उत्तर खोजना ज़रूरी है। समय आ गया जब कुछ करें– ऐसा जो अभिमन्युओं की नियति बदल सके, कौरवों के जंगलों के उगने पर विराम लगा सके, रोक सके कौरवों के वंशजों को उस जुलूस का नेतृत्व करने से जिसमें पाण्डवों का जयघोष हो रहा है, जान सकें भीष्म की विवशता, दुर्योधन का स्वार्थ, शकुनि की कुटिलता और तय कर सकें अश्वत्थामाओं की मृत्यु-तिथि।

महाभारत की निरन्तरता भारत के भविष्य के लिए सबसे बड़ी चुनौती है, समूची मनुष्यता के लिए स्थायी अभिशाप है जिसे ख़त्म किया जाना आज की पहली आवश्यकता है। महाभारत का नैरन्तर्य सब-कुछ बाँट देगा, छिन्न-भिन्न कर देगा, ध्वंस कर देगा उन सारे स्मारकों को जो निरन्तर बहाव के ख़िलाफ़ तैरकर अनगिनत मनुष्यों में से उँगलियों पर गिने जाने वाले सच्चे मनुष्यों ने अपना सब कुछ दाँव पर लगाकर बनाये और आज जिनके कारण मानवता नाम की संज्ञा जानी जाती है।

ये स्मारक उन मानवीय मूल्यों के हैं जो अनमोल हैं। हमने कई स्मारक तोड़ दिये, उनके भग्नावशेषों को भी मिटा दिया। जो मिट नहीं पाये उन्हें संग्रहालयों में रख दिया या उन्हें पूजने के नाम पर कुछ इस तरह मालाओं में जकड़ दिया कि वे जड़ हो गये। हमने तो कुछ नया गढ़ने के नाम पर एक ईंट तक नहीं बनायी। हाँ, तोड़ा बहुत-कुछ है और तोड़ते जा रहे हैं; जोड़ना सीखा लेकिन मुद्राओं का, मूल्यों का नहीं।

मूल्यों को जोड़ने की निरन्तरता बनी रहती तो महाभारत की निरन्तरता टूट सकती थी, नये स्मारक बन सकते थे। हो सकता था कि बहाव के ख़िलाफ़ तैरने वालों की इतनी तादाद बढ़ती कि बहाव को अपनी दिशा बदल देनी पड़ती, लेकिन जोड़ने का संकल्प जन्मा और सतमाहे जन्मे अधूरे शिशु की तरह कुछ साँसें लेकर मृत हो गया। एक जिजीविषा जन्मी अन्याय का सामना करने की, लेकिन उसके हाथ तरुण होते ही उसे चक्रव्यूह में फाँसकर निष्प्राण कर दिया गया।

यह अधूरापन कैसे मिट पाये, महाभारत के नैरन्तर्य के इतिहास की पुनरावृत्ति पर विराम कैसे लगे-आज का सबसे बड़ा प्रासंगिक प्रश्न यही है, और यदि इस प्रश्न को भी जंगलों के बीच ढकेल दिया गया तो फिर यह प्रश्न भी एक और दुर्योधन की तरह खड़ा हो जायेगा। महाभारत जारी रहेगी, कृष्ण विदा कर दिये जायेंगे संसार से किसी बहेलिये के द्वारा, पाण्डव विगलित हो जायेंगे बर्फ़ में और कौरव भले दैहिक रूप से ख़त्म मान लिए जायें लेकिन वे ज़िन्दा रहेंगे। इसलिए आज बेहद ज़रूरी है कि महाभारत के नैरन्तर्य पर स्थायी विराम लगे।

विराम लग सकता है बशर्ते कि एक सहिष्णु सोच की परिधि का विस्तार हो, बन्धुत्व की बेल पल्लवित हो, तदर्थवादी नपुंसकता से छुटकारा पाया जाये, जयघोष करने में लगने वाली कण्ठों की ऊर्जा उन करों में लगे जो मूल्यों के पक्के निर्माण अपने संकल्पों की करनी से खड़े करें, विवाद थमें, संवादों के पुल बनें, राजपथ मुड़ें और तब्दील हों जनपथों में, कर्मण्यता जागे, पाँवों के रहते बैसाखियों का बाँधा ज़ाना बन्द हो, ओढ़ी हुई कृत्रिम विकलांगता से मुक्त हों, पाखण्डों में जमी आस्था भंग हो। इस जड़ आस्था की बंजर धरती पर विश्वास के हल चलें जो उसे उर्वर बना दें और फिर यह उर्वर ज़मीन अँकुराये अपने धरातल पर वे पाण्डवी वृक्ष, जिनके समूहों के बीच कोई वृक्ष-अभिमन्यु भविष्य में न मारा जा सके।

●●

दौड़ नहीं है यात्रा

बड़ी अजीब बात है, रेलगाड़ी घण्टों का सफ़र तय कर जब स्टेशन पर रुकती है तो फिर बमुश्किल किसी छोटे-से स्टेशन पर 2-3 मिनट रुकती है, फिर तुरन्त सीटी बजाकर चल देती है। उसके रुकते ही भगदड़ मच जाती है, यात्री सामान-सहित जैसे-तैसे चढ़ पाते हैं। बहुत-से चढ़ ही नहीं पाते, सामान छूट जाता है, क़भी-कभी पूरा परिवार साथ हुआ तो कुछ बुज़ुर्ग छूट जाते हैं, बच्चे छूट जाते हैं प्लेटफ़ॉर्म पर, और यह निर्मम गाड़ी आगे चल देती है। जिन पड़ावों के लिए सफ़र शुरू किया, कम-से-कम उन पड़ावों पर तो थोड़ी देर इत्मीनान से ठहरना चाहिए। घण्टों का लम्बा सफ़र पहाड़ों, नदियों, जंगलों को पार कर एक पड़ाव तक पहुँचती है तो ठहरने के नाम पर 2-3 मिनट ठहरती है।

इस रेलगाड़ी की प्रकृति बिलकुल आज के मनुष्य की तरह है जो सफ़र शुरू करता है तो बड़ी तेज़ी से दौड़ता है। उसे सुकून देने के लिए कुदरत ने कुछ पड़ाव निर्धारित किये हैं; वहाँ भी नहीं रुकता या सिर्फ़ औपचारिकता पूरी करने के लिए रुकता है, इतना निर्मम है कि बच्चों और बुज़ुर्गों की विवशता को भी नज़रअन्दाज़ करता है। बड़े पड़ावों पर देर तक रुकता है, इसलिए नहीं कि वहाँ ज़्यादा साथी हैं, बल्कि इसलिए कि कहीं पड़ाव बुरा न मान जायें। इन बड़े पड़ावों का अहं जब तुष्ट हो जाता है तो वह धीरे-धीरे आगे बढ़ता है और फिर सरपट दौड़ने लगता है।

रेलगाड़ी तो मानव-चालित है, वही उसके पड़ाव और वही उसकी गति तय करता है; लेकिन ख़ुद मनुष्य? उसे तो ख़ुद अपनी गति तय करनी है, अपने पड़ाव निर्धारित करने हैं। अपना कोई साथी न छूटे, कोई असहाय, कोई बुज़ुर्ग, कोई बच्चा अपनी यात्रा से वंचित न रह पाये–यह ध्यान तो उसे रखना है। लेकिन ऐसा वह करता नहीं। उसे तो सिर्फ़ अपनी और अपनी यात्रा की निरन्तरता की चिन्ता है, यही चिन्ता है कि वह जल्दी-से-जल्दी अपने गन्तव्य तक निर्विघ्न पहुँच जाये, इसीलिए वह तवज्जो उन बड़े पड़ावों को देता है जो उसकी यात्रा को गति देने में सहायक सिद्ध होते हैं।

ये बड़े पड़ाव उन जंक्शनों की तरह हैं जहाँ से ईंधन मिलता है, उत्प्रेरक के रूप में नये वाहक मिलते हैं। इन बड़े पड़ावों को साधना, उनके अहं को तुष्ट करना उसकी पहली ज़रूरत है, इसलिए यह सही नहीं है कि आज का मनुष्य ख़ुद अपनी गति, अपने पड़ाव निर्धारित करता है। उसकी यात्रा एक यान्त्रिक यात्रा-भर होकर रह गयी–सफ़र शुरू करो, बड़े जंक्शन जो दिशा और गति निर्धारित कर दें उनसे नियन्त्रित होते रहो, छोटे-छोटे पड़ावों की फ़िक्र मत पालो, उन दिशा-सूचकों का कहा मानो जिनका नियन्त्रण बड़े पड़ावों के हाथों में है, उन्हें ही साथी बनाओ जिन्हें बड़े पड़ाव साथ जाने के लिए आरक्षित कर दें और इस तरह अपने गन्तव्य तक पहुँचकर अपनी यात्रा समाप्त कर दो। आज के इस तन्त्र ने मनुष्य की मनुष्यता को ख़त्म कर उसे यन्त्र बना दिया। इस यान्त्रिक और तान्त्रिक अस्तित्व को कैसे मनुष्य कहें?

नहीं, यह अस्तित्व सच्चा मनुष्य नहीं है। सच्चे मनुष्य बँधी हुई पाँतों पर, दिशासूचकों के नियन्त्रण के अधीन नहीं दौड़ते। वे तो अपने स्वयं के प्रवाह के अधीन गतिशील होते हैं, यह प्रवाह उनमें स्वयं होता है, इस प्रवाह के वे स्वामी भी होते हैं और अधीनस्थ भी। यह प्रवाह उन्हें नियन्त्रित नहीं करता, बल्कि उन्हें गति देता है। यह प्रवाह उन्हें यह समझ भी देता है कि कहाँ वास्तव में रुकना चाहिए। यही प्रवाह राम को शबरी की कुटिया में जूठे बेर खाने ले जाता है, कृष्ण को विवश करता है कुब्जा के पास जाकर उसके फूल स्वीकार करने, बुद्ध को प्रेरित करता है सुजाता की खीर खाने और बार-बार नारायण को शेष-शय्या से उठाकर अन्याय को मेटने के लिए धरती पर कर्मपुत्र के रूप में उतारकर, उन्हें संघर्ष करने के लिए बाध्य कर देता है। नारायण का बार-बार नर होना इसी प्रवाह की देन है और यही प्रवाह नारायण को नर और नर को नारायण बना देता है।

इस प्रवाह को शब्द अभिव्यक्ति नहीं दे सकते, क्योंकि यह सारे अक्षरों और यात्राओं के बन्धन से परे है। इस प्रवाह को किसी व्याकरण की कोई समीक्षा नहीं बाँध सकती, इसे कोई ज्ञानी परिभाषित नहीं कर सकता। यह प्रवाह, यह वेग सच्चे मनुष्य की असली विरासत है; इस विरासत को जो नहीं सहेज पाये वे मनुष्य नहीं रह पाये। विडम्बना यह है कि जिन गिने-चुनों ने इस विरासत को सहेजने की कोशिश की, उन्हें भी मनुष्य के रूप में स्वीकार ही नहीं किया गया। उन्हें या तो महामानव कहा गया, ईश्वर कहा गया या विक्षिप्त।

आज हम इस प्रवाह से परे हैं। यह प्रवाह है अन्दर, लेकिन इसकी अनुभूति दबा दी जाती है। इसलिए कि यह प्रवाह कहीं समझौते नहीं करने देता, यह समूह से दूर खड़ा कर देता है, एक अलग पहचान देने की कोशिश करता है; जबकि हम, अपनी

पहचान समुदाय में खोजते हैं। यह प्रवाह हमें उद्वेलित करता है, अन्याय का प्रतिरोध करने को उकसाता है, संघर्ष की ओर प्रेरित करता है, उसके जारी रहने के लिए विवश करता है, पुराने को तोड़ने और कुछ नया गढ़ने के लिए औज़ार तलाशने को मजबूर करता है, आदमियत ज़िन्दा बनी रहे, मरे नहीं-इसके लिए हमें दाँव पर लगा देने की पुरज़ोर कोशिश करता है। हमें तौलिया नहीं बनने देता कि किसी ने हाथ पोंछ लिये, फिर फेंक दिया और जब दुबारा ज़रूरत पड़ी तो फिर धुलवाकर टाँग दिया।

यह प्रवाह एक नैसर्गिक स्वतन्त्रता देता है–ऐसी स्वतन्त्रता, जो स्वच्छन्दता नहीं होती बल्कि जिसकी स्याही से आज की सच्चाई की इबारत लिखी जाती है, जिसकी ईंटों से स्वस्थ समाज के रहने के लिए एक छोटी-सी इमारत खड़ी की जाती है जिस पर कोई कालीन नहीं बिछे रहते। यह प्रवाह कोई सुविधा नहीं देता, इसलिए हम इससे परे रहते हैं, इसे दबाये रहते हैं और उन पाँतों पर दौड़ते-दौड़ते अपनी यात्रा पूरी कर लेते हैं जिन पाँतों को बड़े जतन से हमारे लिए बिछा दिया गया है।

इन पटरियों पर की जाने वाली यात्रा, यात्रा नहीं है, सिर्फ़ दौड़ना है–एक लक्ष्यहीन दौड़, जो अन्तिम छोर पर पहुँचा देती है, कभी न लौटने के लिए; और अन्तिम छोर कभी लक्ष्य नहीं होते। रस्सी का पहला सिरा हो या आख़िरी, दोनों एक-जैसे हैं हम छोर को लक्ष्य मान लेते हैं और आजीवन दौड़ते रहते हैं।

यात्रा तो प्रवाह की होती है–उस प्रवाह की, जो अपने रास्ते ख़ुद बना लेता है, पहाड़ के वक्ष को चीरता, घने जंगलों के अवरोध को पार करता, ऊँचाई की हर चुनौती को स्वीकारता, अपनी निरन्तरता बरकरार रखता जो अपने अस्तित्व को सार्थक करता है; बँधी लीक, निर्धारित पथ, और तयशुदा मोड़ जिसकी नियति कभी नहीं गढ़ते। हम यह यात्रा करते ही नहीं और जिसे हम यात्रा कहते हैं, वह यात्रा होती ही नहीं।

रेलगाड़ी की यात्रा एक दौड़ है, सिर्फ़ दौड़ जिसके नियामक गति-सूचक हैं, पटरियाँ हैं, बड़े पड़ाव हैं। यदि ऐसी ही यात्रा मनुष्यता की होनी है तो वह यात्रा कदापि नहीं होगी, उसे एक स्थिरता के दौड़ने का उपक्रम ज़रूर कहा जा सकता है। आज यही उपक्रम हो रहा है, इस उपक्रम को विराम देना होगा। इसकी एकरसता भंग करनी होगी, भेद करना होगा मानव और रेलगाड़ी के बीच।

यह उपक्रम टूटे कैसे? यही तो यक्ष प्रश्न है सामने, जिससे बचते हैं और दौड़ते गति-सूचकों के भरोसे।

यह उपक्रम प्रवाह से टूटेगा, उस प्रवाह से, जिसके उद्दाम वेग को हम दबाये बैठे हैं। यह उपक्रम टूट पायेगा यदि कर्मण्यता जाग उठेगी, क्योंकि इस प्रवाह की परिणति कर्म है; कर्महीनता दौड़ाती है और कर्मण्यता यात्रा कराती है। कर्म की

क्लिष्ट और जटिल परिभाषाओं में बिना उलझे यदि अपने में समाये सहज प्रवाह के साथ बहते रहे, चट्टानों को तोड़ते रहे, घने जंगलों के बीच से रास्ता बनाते रहे, ऊँचाइयों की चुनौतियों को स्वीकार करते रहे तो वह सब अपने-आप मिल जायेगा जिसकी लालसा में हम सिर्फ़ दौड़ते हैं और अन्ततः हासिल कुछ नहीं कर पाते।

यह लक्ष्यहीन दौड़ ही आज की चुनौती है जिसे विराम देकर यात्रा आरम्भ करनी है। यह यात्रा तभी आरम्भ हो पायेगी जब अपने में समाये प्रवाह का हम आह्वान कर पायेंगे और फिर यह प्रवाह जब बह निकलेगा पूरे वेग के साथ, तो सारी पटरियों को, बड़े-बड़े पड़ावों को, दिशा-सूचकों को बहा ले जायेगा। तब गति का गुंजन होगा और मनुष्यता का मंगलगान!

●●

दो वंशी विट्ठल को

पंढरपुर में विट्ठल खड़े हैं बिना बाँसुरी के। दोनों हाथ कमर पर रखे विट्ठल की यह अनोखी मुद्रा है। कहते हैं रुक्मिणी रूठकर द्वारिका से यहाँ आ गयी थीं, कृष्ण उन्हें खोजते यहाँ आये, यहाँ एक कृष्णभक्त पुण्डलीक अपने माता-पिता की सेवा में लगा था, विट्ठल ने उसे अपने आने की सूचना दी, उसने उसी स्थान से एक ईंट बिना कृष्ण को देखे उनकी ओर फेंक दी, और कहा जब तक मेरी सेवा पूरी नहीं हो जाती, इसी ईंट पर खड़े रहो, उस ईंट पर विट्ठल आज भी खड़े हैं, अपनी कमर पर दोनों हाथ रखे प्रतीक्षारत, और पुण्डलीक सेवा में रत है, रूठी रुक्मिणी अभी भी कृष्ण से रूठी अलग खड़ी हैं, उनकी मुखमुद्रा का रोष साफ़ झलकता है और एक ओर मुस्कराती राधा भी हैं जिनके कारण रुक्मिणी रूठी थीं। जाने कितनी शताब्दियों से प्रतीक्षारत विट्ठल, रूठी रुक्मिणी, सेवारत पुण्डलीक और मुस्कराती राधा चन्द्रभागा के तट पर खड़े हैं, उनका मौन नहीं टूटता, भंगिमाएँ स्थिर हो गयीं, जाने कहाँ खो गयी कान्हा की बाँसुरी, पंढरपुर में तो सिर्फ़ मौन-ही-मौन है, वृन्दावन और मथुरा जैसी कोई चहल-पहल नहीं, वंशी की कोई स्वरलहरियाँ नहीं, न कोई कदम्ब, न कोई कालिन्दी, न कोई कुंज।

बिन बंसी के विट्ठल वाला पंढरपुर कृष्ण के एक अनूठे रूप का साक्षी है। विट्ठल को प्रेम से विठोबा कहा जाने लगा, पंढरीनाथ कहकर पूजा जाने लगा मगर वे मूलत: विट्ठल हैं, बिना बाँसुरी वाले वंशीधर।

वहीं पंढरपुर के बाज़ार में मुझे बाँस से बनी बाँसुरी बेचने वाला दिखाई दिया। ख़ुद बाँसुरी बजाता तरह-तरह की रंगीन बंसियों को एक बड़े से बाँस के छप्पर में खोंसे हुए वह बाज़ार में बाँसुरी बेच रहा था। बिना वंशी वाले विट्ठल के गाँव में बाँसुरी की स्वरलहरियों का गूँजना बड़ा विचित्र लगा। पंढरपुर के विट्ठल को वंशी नहीं चाहिए, वे तो राह देख रहे हैं पुण्डलीक के बुलावे की लेकिन इस वंशी की ज़रूरत तो है, पंढरपुर के बाल गोपालों को, वंशी की जिस माधुरी से कृष्ण ने सराबोर कर दिया अपने और आने वाले युगों को उस माधुरी से वंचित रहने का मन

किसका होगा? भले खड़े रहें विट्ठल बिना बाँसुरी के लेकिन वंशी को तो अब बजते रहना है, उसकी माधुरी इतनी समा चुकी मन में कि वह अब मोहन और उसकी माधुरी से विलग होना चाहता ही नहीं।

जाने कितने रूप हैं कान्हा के, गोपाल, गोवर्धन, गिरधारी, राधावल्लभ, कृष्ण, मोहन, माधव और जाने क्या-क्या, कैसे-कैसे, कितने-कितने, चाहे मानव हो या ईश्वर, जितने रूप कृष्ण के हैं उतने किसी के नहीं, लेकिन सबसे लुभावना मोहक रूप तो वेणुगोपाल का है, वंशीधर का है, बाँसुरी की टेर जो कभी द्वापर में लगी होगी, जिसे सुनकर गोपियाँ दौड़ी चली आयीं, गायों ने घेर लिया, कालिन्दी मचल उठी और सारी लोकलाज छोड़कर मचलती यमुना के तट पर राधा नाच उठी, उस टेर को अब कहाँ विलीन होना है? भले खड़े रहें विट्ठल अपने भक्त की प्रतीक्षा में बंसी छोड़कर लेकिन बंसी न विट्ठल को छोड़ेगी न इस विश्व को। कुछ बन्धन ऐसे होते हैं जो छूटने के लिए होते ही नहीं, बंसी ऐसा ही एक बन्धन है, विवशता है कृष्ण की, वे चाहे जो रूप धरें, बंसी को वंशीधर से कभी अलग नहीं होना।

द्वापर में ब्रज में बहती यमुना के तट से लगी बंसी की इस टेर को तो तब तक सुनाई देते रहना है, गूँजते और मोहते रहना है जब तक मानव नाम की, मानव के मन नाम की, राग के जल से अपनी प्यास बुझाने को आकुल इस धरती के नाम की संज्ञा को विद्यमान रहना है।

यह बंसी भी अद्‌भुत है, बाँस की बनी बंसी। आजकल पीतल की, चाँदी की आभिजात्य बाँसुरियाँ भी हैं लेकिन कान्हा ने जो बंसी बजाई होगी वह तो बाँस की ही होगी, उस ग्वाले के पास, निकुंजों में घूमने वाले, गायों को चराने वाले के पास बाँसुरी तो बाँस की ही रही होगी।

वंशी के वशीकरण से कोई मुक्त नहीं होना चाहता।

यह बाँस ही क्यों चुना कृष्ण ने? शायद इसलिए कि वह बड़ा कोमल होता है और भले कमज़ोर हो उसका तना लेकिन अपनी इस विवशता के कारण वह ज़मीन पर नहीं फैलता और न ही किसी बड़े वृक्ष के तने के आसपास लिपटकर विकसित होता है, किसी बेल से उसकी प्रकृति पूरी तरह भिन्न होती है, वह पूरी सामर्थ्य के साथ अपने बल पर खड़ा है, और अकेला खड़ा नहीं होता—पूरे समूह के साथ खड़ा होता है। अपने-आपको इतना ताक़तवर बना लेता है कि बड़े शालवन उससे भयभीत रहते हैं कि कहीं बाँस के ये समूह अपने घर्षण से चिंगारी पैदा कर देंगे तो उन शालवनों का अस्तित्व समाप्त हो जायेगा।

कृष्ण ने कहीं इसी बाँस से अपनी साम्यता पायी होगी, केशी और कंस जैसे महाबलियों के सामने इस कृष्ण की दशा कुछ ऐसी ही थी जैसे किसी सघन और बलिष्ठ शालवृक्ष के सामने बाँस। मगर विजय तो इसी बाँस की हुई, भले अकेले

कृष्ण ने कंस का वध किया हो लेकिन कृष्ण के अन्दर जो शक्ति थी वह तो उस समय के उन तमाम पीड़ितों की इकट्ठी शक्ति थी जो कंस के अत्याचारों से प्रताड़ित थी, बिखरी थी, और बाट जोह रही थी कृष्ण की। इसलिए कृष्ण सघन, रहस्यमय और बड़े घेरे में अपने-आपको स्थापित कर, अपनी छाँह के नीचे किसी को पल्लवित न होने देने वाले शालवृक्ष नहीं हैं, वे तो कोमल लेकिन निर्भीक और सामूहिक शक्ति के सहज पुंज ऐसे बंसवट हैं कि जिसके तने के अन्दर माधुर्य-ही-माधुर्य समाया है, उस माधुरी को फूँककर फैल जाने के लिए उकसा दो और उसके तने में रन्ध्र कर दो तो वह माधुर्य उन रन्ध्रों से निकलकर ऐसा फैले कि सारे युगविभोर हो जायें, यमुना की धार का स्वर और बंसी का स्वर एक हो जाये, गति, गीत बन जाये, उजली और मीठी प्रीत बन जाये, जग की ऐसी रीत बन जाये कि बिना गति के इस रीत की पहचान ही न हो।

कृष्ण गति के गीत, प्रीत और रीत हैं। वे कभी रीतते नहीं भरे रहते हैं, रिक्त होते रहते हैं लेकिन रीतते नहीं, तुरन्त भर जाते हैं, पूर्ण हो जाते हैं, । कृष्ण गगरी हैं। इस गगरी की छलकन से इतिहास के सारे पथ और पगडण्डियाँ भीगी हैं। और इस गगरी तथा इसकी छलकन को युग अपनी आँखों में सहेजते रहे हैं।

आज भी हम कृष्ण के उसी मनभावन रूप पर आसक्त हैं। इतनी गहरी आसक्ति कि वंशीधर हमारे चन्द्रमा हैं और हम उनकी ओर टकटकी लगाकर निहारते चकोर लेकिन यह तन्मयता तब भंग होती है जब बिना वंशी के विट्ठल दीख पड़ते हैं कमर पर दोनों हाथ रखे, तब सवाल कौंध जाता है—कब तक विठोबा खड़े रहेंगे इसी तरह, बिना बाँसुरी के, अपनी कमर पर हाथ रखे? उनकी प्रतीक्षा कब समाप्त होगी? यह रूठी रुक्मिणी कब मानेगी? कब पुण्डलीक की सेवा ख़त्म होगी? सोचते-सोचते लगता है कि यह जो विट्ठल भक्त पुण्डलीक अपने माता-पिता की सेवा में लगा है, वह सेवा तो जाने कब की पूरी हो चुकी। सेवा की सीमा होती है। पुण्डलीक के माता-पिता तो इस सेवा से तृप्त हो निद्रा-निमग्न हो गये होंगे लेकिन पुण्डलीक की आराध्या तो रुक्मिणी भी हैं, उसी के देश विदर्भ की रुक्मिणी, वह उन्हें रूठे देखना नहीं चाहता। वह चाहता है कि रुक्मिणी का मान भी बना रहे और वे मान भी जायें। पुण्डलीक की इसी दुविधा ने पंढरपुर को जड़त्व का साक्षी बना दिया है।

मुझे लगता है, यह पूरा देश ही पंढरपुर हो गया। हम सब पुण्डलीक हो गये। हमारी दुविधाएँ पुण्डलीक की तरह की दुविधाएँ हैं, हमारी अपनी-अपनी रूठी रुक्मणियाँ हैं, जिनके हठ को हम तोड़ नहीं पा रहे और अपनी पुरानी पीढ़ी को एक ढाल बनाकर विठोबा को जड़त्व में बाँधे हुए हैं। विठोबा और कुछ नहीं हमारी कर्मण्यता, हमारे माधुर्य, हमारी प्राणशक्ति, हमारी जिजीविषा के पर्याय हैं। विठोबा

की समूची अस्मिता तो उस बाँसुरी से है जो हम उनके हाथों को थामने नहीं दे रहे। हम न हमारी जड़ता तोड़ रहे हैं और न विठोबा को उनका जड़त्व तोड़ने को बाध्य कर रहे हैं। विट्ठल विवश हैं, हमारी जड़ता टूटे तो उनके हाथ जो वे कमर पर रखे हुए हैं, उन हाथों में बाँसुरी आये। रुक्मिणी के हठ को तोड़ना, उसे मना लेना हमारी पहली ज़रूरत है। यह हठ, यह आग्रह, कहीं दम्भ का है, कहीं वर्ण का है, कहीं सम्प्रदाय का, जाति का, भाषा का, और इसी तरह की जाने कितनी चीज़ों का है। इनके सँकरे दायरे में भारत बँटता है, हम बँटते हैं, हमारे मन बँटते हैं, और फिर भारत सिर्फ़ पंढरपुर बना रह जाता है। पंढरपुर एक आदर्श भारत की पहचान बन जाये यह लालसा जगनी ज़रूरी है।

यह लालसा जगे कैसे? हमारे जागे बिना इस लालसा का जागना सम्भव नहीं। जब यह जागरण होगा तब इस भोर की उजास में हम रुक्मिणी को समझा पायेंगे कि वे तो विट्ठल की पट्टमहिषी हैं ही लेकिन वे राधा को भी स्वीकारें क्योंकि माधव का मन ऐसा है कि वह बिना राधा के एकाकी और सूना ही बना रहेगा। राधा को न तो राज चाहिए न ही महारानी बनने का सपना, उसे तो सिर्फ़ मोहन का मोह चाहिए।

रुक्मिणी को यह भी समझाना होगा कि राधा तो माधव के मन में तब से पैठी हैं जब साँझ घिर आयी थी, तमाल के घने वृक्ष अँधेरे को निरन्तर बढ़ा रहे थे और तब नन्द ने राधा से कहा था कि इस भीरु बालक को इसके सच्चे घर पहुँचा आओ अन्यथा यह भटक जायेगा। कृष्ण को भटकने से बचाने के लिए जब राधा उन्हें ले चलीं तो ख़ुद ही कृष्ण के मन की गलियों में भटक गयीं और कृष्ण भी राधा के मन की वीथियों में जाने कहाँ खो गये, इसलिए इन दोनों का एकात्म भाव समझो, जो तुम शुरू से जानती हो।

मुझे भरोसा है कि यदि यत्न करें तो रुक्मिणी मान जायेंगी, उनका हठ दूर हो जायेगा, वे लगा लेंगी राधा को गले और दोनों माधव के मन का हार बन जायेंगी। तब यह पंढरपुर, पंढरपुर नहीं रहेगा, पंढरपुर भारत होगा और भारत पंढरपुर, विठोबा के हाथ में फिर बंसी आयेगी, राधा और रुक्मिणी के मिलन का प्रतीक, हमारी एकता की प्रतीक, हमारी प्रीत, रीत, गीत और संगीत की प्रतीक और फिर विट्ठल, एकाकी विट्ठल नहीं होंगे, वेणुगोपाल होंगे, वंशीधर होंगे।

आज हरेक के मन में यही पुकार है, "वंशी दो विट्ठल को, दो वंशी विठोबा को।"

●●

बबूल वन और आम्रकुंज

दौरे के दौरान अचानक गाड़ी को रोककर उतरना पड़ा, घने जंगल के बीच गाड़ी रुक गयी, इंजन शायद गर्म हो गया था। ड्राइवर ने हुड खोल दिया और मैं गाड़ी से उतरकर चारों ओर निहारने लगा। पलाश के फूल झर चुके थे लेकिन पत्तियाँ हरिया रही थीं। पलाश के वृक्ष चारों ओर खड़े थे तभी अचानक नीचे नज़र पड़ी तो देखा एक छोटा-सा बबूल का पौधा जिसकी उम्र कुछ ज़्यादा नहीं मालूम पड़ती थी, दिखाई भी मुश्किल से दिया। देखा कि भरपूर है काँटों से, काँटे आधे से ज़्यादा सफ़ेद हो गये थे, पक गये थे, तैयार हो चुके थे किसी को भी उलझाने के लिए, चुभने के लिए, थोड़े-बहुत हरे थे, देखकर लगता था कि वे भी जल्दी ही सफ़ेद हो जायेंगे। उसका तना लचीला और कोमल था लेकिन काँटे परिपक्व।

थोड़ा आगे देखा तो बड़ी उम्र का एक आम का वृक्ष सामने दीख पड़ा। छोटा तना, बड़ी-बड़ी शाखें, हरे पत्तों से भरपूर, उसमें बौर आने ही शुरू हुए थे, फल तो दीखते ही नहीं थे। बबूल के वृक्ष से उसकी उम्र कम-से-कम चौगुनी होगी लेकिन लगता था बौर पहली बार आये हैं और फल भी शायद बहुत थोड़े पहली बार लगें।

सवाल मन में आया, क्या बात है कि बबूल के पैदा होते ही उसमें काँटे आ जाते हैं और बिना देर किये पूरी तरह चुभने को परिपक्व हो जाते हैं और क्या वजह है कि आम को जाने कितने बरस अपने मीठे फलों के पकने की प्रतीक्षा करनी पड़ती है?

शूलों का पल्लवन इतनी तत्परता से और मीठे आमों के फलने में इतना विलम्ब? इतनी देरी?

सच यही है, ईर्ष्या और बैर तो तत्काल पनप जाते हैं लेकिन मीठे प्रेम के उपजने में बड़ी देर लगती है।

बबूल और आम में भी यही फ़र्क़ है।

छायादार और सघन वृक्ष भी बड़ी देरी से विकसित होते हैं, वट, पीपल, आम लेकिन नीलगिरि, बबूल और बेर तो बिना देरी के बिना पानी के पनपते हैं। यह प्रकृति भी ऐसी है कि यदि हम ग़ौर से निहारने लगें तो फिर यह प्रकृति दर्पण बन

जाती है, आईना बन जाती है, जिसमें हमारे अपने प्रतिबिम्ब, हमारे अपने अक्स दिखाई देते हैं।

मन में कलुष, ईर्ष्या, अमर्ष और बैर के पैदा होने में देर नहीं लगती लेकिन भ्रातृत्व, प्रेम और सौहार्द बड़ी मुश्किल से जन्मते हैं।

ऐसा क्यों? शायद इसलिए कि जिन्हें कम ज़िन्दा रहना होता है वे जल्दी पैदा होते हैं, तेज़ी से विकसित होते हैं और उतनी ही तत्परता से ख़त्म हो जाते हैं, और जिन्हें स्थायी बना रहना होता है उनके पास धैर्य होता है। बबूल, बेर और नीलगिरि, आम, वट और पीपल की तुलना में बहुत कम जी पाते हैं, लेकिन जो चुभन उन्हें देनी होती है वह वे दे जाते हैं।

विडम्बना यह है कि जब से सृष्टि जन्मी, वृक्ष पैदा हुए तब से ये वृक्ष तो अपने स्वभाव के अनुरूप जन्मते और मरते रहे मगर मनुष्य ने इनसे कोई सीख नहीं ली। आज मनुष्यों के बीच से आम ग़ायब होने लगे, आम्रकुंज नष्ट कर दिये गये और उगा दिये गये बेर और बबूलों के जंगल। आज जंगल में तो आम्रवृक्ष दीख पड़ते हैं मगर समाज में आम्रपुरुष नहीं दीखते। यह क्या हुआ समाज को कि आम्रपुरुषों का जन्मना बन्द होता गया और बबूलों की जाने कितनी जातियाँ और प्रजातियाँ, खट्टे बेरों की झाड़ियाँ और शोषक नीलगिरियों से संसार भरपूर हो गया। नागफनियाँ ही नागफनियाँ पसर गयीं चारों ओर।

आज जिसे स्पर्श करो वही चुभने लगता है। हम दूसरों को चुभते हैं और दूसरे हमें पीड़ा पहुँचाते हैं और यदि कोई न मिले तो हमारे काँटे हमें ख़ुद पीड़ा पहुँचाने लगते हैं। जब जनमे और फिर किशोर हुए तो सोचा था कि आम्रपुरुष बनेंगे लेकिन बन गये बबूल, नागफनी और बेर।

आम्रपुरुष बनना आसान नहीं था। इसलिए कि प्रतीक्षा करनी होती, धैर्य रखना पड़ता, बचाये रखना होता अपने-आपको आँधियों से, जड़ों को जमाने में परिश्रम करना पड़ता, धूप झेल-झेल कर वह ताक़त पैदा करनी होती कि वैशाख और जेठ में भी हरे रह सकें, मुरझाएँ नहीं और इसके मुकाबले बबूल बनना आसान था। इसलिए हम बबूल बन गये, शायद इसलिए भी बने क्योंकि हमें बबूलों की विरासत मिली। यह कहने की सुविधा मिली कि क्या करें ज़माना ही शूलों का है। शूल मिले विरासत में, वैसा ही वातावरण मिला, वैसी ही जलवायु, वैसा ही परिवेश तो आम बनते कैसे?

इसी पौरुषहीनता के कारण आज समाज भरपूर हो गया बबूलों से। इसी पुंसत्वहीनता ने हमसे उन अपवाद विरासतों की स्मृति भी छीन ली जो ऐसे आम्रपुरुषों की थी जिन्होंने अपने जीवट के बल पर बहुत कम उम्र में जाने कितने मीठे फल

हमारे समाज को दिये। ये अल्पजीवी आम्रपुरुष शंकर थे, विवेकानन्द थे, भारतेन्दु थे। ये सब चालीस बरस से ज़्यादा नहीं जिए लेकिन इन्होंने बबूलों के बीच रहते हुए भी, काँटों की विरासत को पाते हुए भी अपने तनों को कभी इजाज़त नहीं दी कि उन पर काँटे लगें। वे आँधियों के बीच पल्लवित हुए और इसके पहले कि बबूलों के जंगल उन्हें निगल जाते उन्होंने अपने मीठे फल इस संसार को सौंप दिये और बिदा हो गये सदैव के लिए।

शंकर, विवेकानन्द और भारतेन्दु वे आम्रपुरुष हैं जिनकी टहनियाँ भले बहुत न रही हों, मगर जिन पर पत्ते कम लगे और फल ज़्यादा।

संसार है तो विचार हैं, आचार हैं, फूल हैं, बबूल हैं। यदि संसार नहीं होता और इस सृष्टि के बीच मानव नहीं होता तो इतना कुछ विचार करने की ज़रूरत ही नहीं थी मगर संसार बना तो फिर विचार जन्मने लगे, आचार पनपने लगे, फूल खिलने लगे, शूल चुभने लगे। फ़र्क़ नज़र आने लगा आम और बबूल में। यह फ़र्क़ जाने कब से नज़र आ रहा है, मगर काँटों की तादाद बढ़ती जा रही है और आम के वृक्ष कटते जा रहे रहैं। हम उत्तर-आधुनिकता को कोसते हैं, उपभोक्तावाद को कोसते हैं, जाने कितने व्याख्यान, जाने कितने गुट, जाने कितनी तिकड़में, जाने कितने मंच और जाने कितने नाटक मगर ये सब-कुछ अन्ततः कुछ नहीं देते, परिणाममूलक होना जाने कब से छूट गया, अब तो सिर्फ़ परिमाण हैं, पैमाने हैं जिनसे सिर्फ़ बबूलों के जंगलों की परिधि माप भर ली जाती है।

तराजू बनाया, जाने कितनी तरह के उपकरण मापने के बना लिये, ध्वंस और प्रदूषण को मापने के लिए। जितनी ऊर्जा उपकरणों के बनाने में व्यय होती रही यदि वही ऊर्जा ध्वंस और प्रदूषण से इस संसार को मुक्त करने के उद्यम में लगती तो इस सृष्टि के आम्रकुंज सुरक्षित रह सकते थे। उद्यम हुआ और हो रहा है मगर वह उद्यम आशंका की नींव पर खड़ा उद्यम है। इसलिए यह उद्यम उपकरण बना रहा है और उनकी ऊर्जा कैसे सुरक्षित रख पायेंगे? इसका आकलन करने में लग रही है जबकि यह ऊर्जा सुरक्षित है और आज जैसे हैं उससे कब और कैसे बेहतर बनें, इसमें यह लगनी चाहिए।

वैज्ञानिक दृष्टि वह है जो बबूलों के उन्मूलन पर पड़े न कि इस पर कि आने वाले समय में काँटों की तादाद कितनी बढ़ जायेगी? काँटों को गिनने और उनके भविष्य में जन्मने के आकलन पर यदि उद्यम केन्द्रित रहा तो फिर यह उद्यम आमों को बचाने की ओर नहीं लग पायेगा। उद्यम तो बबूलों को ही उखाड़ देने का होना चाहिए।

काँटों का भय, उनके चुभ जाने की आशंका, भय को और गहरा करती चली जाती है और सारा ध्यान इसी बात पर केन्द्रित हो जाता है कि आज तो ये काँटे कभी-कभी चुभते हैं, भविष्य में कितने हो जायेंगे, कितने क्षेत्रफल में फैल जायेंगे और हमारा जीवन दूभर हो जायेगा, यही सोच हावी रहता है और काँटों को गिनने के लिए तरीक़े खोजे जाते रहते हैं। ये तरीक़े न खोजे जायें और यह प्रक्रिया पूरी तरह बन्द हो जाये, यह ज़रूरी नहीं लेकिन ज़रूरी यह है कि सारा उद्यम इन्हीं तरीक़ों की खोज में न लगे। उद्यम का, ऊर्जा का ज़्यादा हिस्सा इसमें लगे कि ये काँटों के जंगल जल्दी साफ़ हों, हमेशा के लिए साफ़ हों ताकि इनकी चुभन से भविष्य बिंधे नहीं।

यह हो पायेगा इसलिए कि ऐसा रचनाधर्मी विचार अभी मृत नहीं हुआ। कई आम्रपुरुष आज भी मौजूद हैं जो बिना किसी की परवाह किये बबूलों को उखाड़ने में लगे हैं। वे विचार से अनुप्राणित हैं और यही विचार उन्हें अपूर्व ऊर्जा से भर रहा है। ऐसे लोग समाज में हैं और समाज की संस्कृति में, साहित्य में, कला में और उन तमाम क्षेत्रों में हैं जहाँ आज के मनुष्य की अस्मिता का परिष्कार हो रहा है और नयी पीढ़ी को तराशने की प्रक्रिया जारी है। मुश्किल यही है कि ऐसे प्रतिमान व्यक्तित्वों को कोई अहमियत नहीं देता, उन्हें सनकी, ज़िद्दी और पागल करार देता है। उनके रचनाधर्मी विचार की खिल्ली उड़ाई जाती है, आवाज़ बचाव करने के उपकरणों के शोर में दब जाती है। इन व्यक्तियों को पहचानें तो? ये भी हमारे ही आसपास हैं, यदि इन्हें पहचान लिया तो फिर एक समय ऐसा भी आयेगा जब हम अपने आपको टटोलेंगे और पायेंगे कि एक ऐसा ही आम्रपुरुष, एक ऐसा ही ज़िद्दी, सनकी और पागल हमारे ख़ुद के अन्दर भी मौजूद है जिसकी पहली लालसा यही है कि बबूल उखाड़े पहले जायें और यह बाद का विचार हो कि भविष्य में उगने वाले काँटों की गणना बाद में की जाये।

लोग हमें चुभते हैं और हम लोगों को, यही धारणा मनों में पैठ गयी और हम ख़ुद अपने को और अपने आसपास वाले तमाम लोगों को बबूल ही मान बैठे हैं। निरर्थक आलोचनाओं और बहसों से सारा पर्यावरण प्रदूषित है और समाज की धरती का धरातल ही नहीं दीखता। वहाँ या तो बबूल के पेड़ नज़र आते हैं या बेर की झाड़ियाँ। यह नज़रिये का फ़र्क़ या दृष्टिदोष नहीं है, यह तो सीधी-सीधी दृष्टिहीनता है। दृष्टि होती, एक दोषहीन दृष्टि, तो दृश्य बदल सकता था। दृष्टि यदि रचनात्मक होती तो वह प्यार देखती, भ्रातृत्व देखती, मिठास और पल्लवन देखती लेकिन इस दृष्टि की दिशाहीनता के कारण सिर्फ़ देखा जा सका तो बैर, अमर्ष, कलुष, ईर्ष्या और जाने कितनी तरह के भेद। यह धारणा दूर हो जाये, तो दृष्टि की दिशा सुनिश्चित हो और दिशा सुनिश्चित कर जब इस दृष्टि से अपने आपको निहारें तो पायेंगे कि

हमारी देह पर और हमारे आसपास फैले तमाम लोगों की देह पर काँटे नहीं, आमों की मंजरियाँ हैं। आम होने का अनुभव कर लेना एक बड़ी उपलब्धि है, यह अनुभव जब होगा तो फिर चुभने के विचार स्वतः लुप्त होंगे, खारेपन का समुद्र सूखेगा और निर्मल मीठे जल के स्रोत फूट पड़ेंगे।

हम मूलतः आम ही हैं, अपने दोषों के कारण बबूल बने हैं और दूसरों को बबूल समझते हैं, अपनी जड़ों में जायें और फिर नये सिरे से उगें, पल्लवित हों तो पायेंगे कि धरती की छाती पर बबूल के जंगल नहीं आम्रवन फैले हैं और यह समाज एक सघन आम्रकुंज बन गया है।

●●

लाल बिन्दी के आईने

आईना रोज़ देखता हूँ, देखना ही पड़ता है। प्रतिबिम्ब में अपने-आपको निहारना एक विवशता बन गया, बिना दर्पण में निहारे घर से कोई निकलता ही नहीं। हमारे व्यक्तित्व अब अवलम्बित हैं, दर्पण की दया पर। शायद जब व्यक्तित्व की दीप्ति मन्द पड़ने लगती है, तब उसे सहेजे रखने के लिए दर्पण ज़रूरी हो जाया करते हैं। आज भी जब इसी तरह आईने के सामने अपने-आपको सहेजते-सहेजते दर्पण पर दृष्टि पड़ी तो देखा कि उस पर एक गोल छोटी लाल बिन्दी चिपकी है। अचानक दर्पण बड़ा ख़ूबसूरत-सा लगने लगा। लगा जैसे दर्पण का भी अपना व्यक्तित्व हो, जिसमें सुहागिन के सौन्दर्य की छटा फूट पड़ी।

हमारी आदत तो यह है कि हम सिर्फ़ अपनी फ़िक्र पालते हैं, लेकिन आज लगा कि व्यक्तित्व तो दर्पण का भी होता है। वह सिर्फ़ इसलिए नहीं है कि आपको सँवारता भर रहे। वह भी सँवर सकता है, इतना सुन्दर भी हो सकता है कि उसे देखकर मन कहे कि इसका व्यक्तित्व तो कहीं तुमसे भी बेहतर है। तुम तो जब सँवरकर जाते हो, तब जाने कितनों को अपने सजे-सजाये व्यक्तित्व से बाँधकर उन्हें छलने की कोशिश करते रहते हो और दूसरे दिन फिर अपने बिखरे व्यक्तित्व को लिए दर्पण के सामने खड़े हो जाते हो, लेकिन यह आईना ऐसा नहीं करता, किसी को छलता नहीं और फिर तुम्हारी दीनता पर दया कर तुम्हें हर बार सँवार देता है। आज बिन्दी लगे आईने को देखकर अपने आप पर तरस आया। उर्दू का एक बढ़िया शेर याद आया–

आईना हँसने लगा और मुझे रोना आया,
आज बरसों में मेरी ख़ुद से मुलाक़ात हुई।

कभी-कभी आईने से गया-बीता आदमी नज़र आता है। बिन्दी लगे आईने का मन-भावन रूप यह सोचने को मजबूर भी करता है कि हम आदमियों की भीड़ के बीच कुछ ऐसे सचेतन दर्पण तलाश लें, जो धवल हों, जिनकी धवलता को उनकी

निष्कलुषता की बिन्दी एक भव्य लालिमा देती हो, जो सच्चे अर्थों में व्यक्ति नहीं व्यक्तित्व हों और जहाँ तक व्यक्तित्वों का सवाल है, वे सदैव बड़े ही होते हैं, यश से, महिमा से, प्रसिद्धि से, न तो उन्हें मापा जा सकता है, और न ही किसी तुला से उन्हें वस्तु की तरह तौल सकते हैं। ये व्यक्तित्व अनायास मिल जाते हैं।

हाल में नर्मदा के एक लगभग अचीन्हे से प्रपात पर जाना हुआ। इस स्थान का नाम धावड़ी कुण्ड है, कुछ लोग इसे मँझधार कहते हैं, कुछ धाराजी, कुछ धाराक्षेत्र। बीहड़ जंगल के बीच से कच्चा रास्ता है। वन्य प्राणी सहज दीखते हैं, ऊँचे-ऊँचे सागौन, लाल कोंपलों वाले अंजन और बर्फ़ से सफ़ेद तने वाले धावड़ी गोंद के वृक्षों के बीच पथरीली सड़क। मध्य प्रदेश के सबसे बड़े बनने वाले इन्दिरा सागर बाँध के निर्माण स्थल नर्मदानगर से लगभग बीस किलोमीटर की दूरी पर जहाँ सड़क ख़त्म होती है, वहाँ से चट्टानों का सिलसिला शुरू हो जाता है, और काफ़ी नीचे उतरकर एक अद्‌भुत दृश्य दिखाई देता है, नर्मदा का। चारों ओर प्रपात ही प्रपात। कहते हैं कुल बावन प्रपात हैं। नर्मदा की धाराएँ चट्टानों पर से सीधे नीचे सँकरे कुण्ड में गिरती हैं और कुण्ड में झाँको तो फेनिल दूध दीख पड़ता है। एक प्रपात बड़ा है शेष छोटे। यहाँ निर्मल पानी को धवल दूध बनते और दूध को फिर पानी में बदलते देखना प्रकृति का जादुई चमत्कार-सा लगता है।

यहाँ पहुँचकर उस व्यक्ति को बुलाने भेजता हूँ, नाविक को। वह प्रपातों के पार के गाँव में एक छोटी-सी झोंपड़ी में रहता है। उसके बारे में सुना भर है। आज उसे देखूँगा। कुछ देर बाद दूर से एक अधनंगा-सा शायद पचपन के आसपास की आयु वाला व्यक्ति आता दीख पड़ता है, उसके हाथ में बाल्टी है, काफ़ी पुरानी। नाव में बैठकर वह हमारे पास आता है। बड़ी क्षीण काया, काला रंग, आँखें बिलकुल नीली, कान से सुनाई बहुत कम देता है। पचास बरस से निरन्तर नर्मदा की गोद में रहते-रहते पानी के टकराव ने कान के पर्दे कमज़ोर कर दिये हैं, उसे हम कुछ खाने को देते हैं, बड़े संकोच से एक कचोरी लेता है और उसका एक टुकड़ा नर्मदा को अर्पित कर कहता है, "ले माँ निरंजनी।"

अपनी कहानी बतलाता है कि बचपन में सगी माँ मर गयी। पिता ने दूसरा ब्याह कर लिया। सौतेली माँ बहुत सताती थी तो एक दिन मरने के लिए नर्मदा में कूद पड़ा। मगर निरंजनी ने ऊपर उछाल दिया तब से वही पाल रही है। उसने अमरकंटक से भरूच तक नर्मदा की तैर कर यात्रा की है। उसे मालूम है कि नर्मदा सबसे उथली कहाँ है, सबसे गहरी कहाँ। सबसे गहरी ओंकारेश्वर में कावेरी नर्मदा संगम के आगे है, जहाँ थाह नहीं मिलती। मैं और मेरे मित्र आये हैं, शंकर लेने। हाँ शंकर। इस व्यक्ति को यह कमाल हासिल है कि यह चट्टान से सीधे सँकरे कुण्ड में बाल्टी

लेकर कूदता है फिर पौन घण्टे के बाद निकलता है। जब निकलता है तो उसकी बाल्टी में कुछ शंकर होते हैं। हर आकार के चिकने पूर्ण शिवलिंग।

वह कथा बताता है कि बाणासुर ने नर्मदा के इन्हीं तटों पर दोनों ओर बैठकर घनघोर तपस्या की। बाणासुर ने सहस्त्रों वर्षों तक नर्मदा के तट की मिट्टी से शिवलिंग बनाये और उन्हें नर्मदा में विसर्जित करता रहा। जब शिव प्रसन्न होकर प्रगट हुए तो उससे वरदान माँगने को कहा। बाणासुर ने यही वरदान माँगा कि आप स्वयं उन सारे शिवलिंगों में अपने-आपको प्रतिष्ठित कर दो जो मैंने नर्मदा में विसर्जित किये हैं। शिव ने उसे वरदान दे दिया। इसलिए वह जितने शिवलिंग निकालता है, उनके बारे में उसकी यह हिदायत रहती है कि इन्हें सीधे मन्दिर या पूजागृह में प्रतिष्ठित कर देना। किसी प्राण प्रतिष्ठा-अनुष्ठान की आवश्यकता नहीं है। वह यह कार्य दिन में सिर्फ़ एक बार करता है, ऐसा भी होता है कि उसकी बाल्टी ख़ाली आये। यदि पूर्ण शिवलिंग उसे नहीं मिलते तो वह वैसे ही वापस तट पर आ जाता है। कोई पारिश्रमिक का ठहराव नहीं, सिर्फ़ ग्यारह रुपये। दूसरी बार उतरने को कहो और ग्यारह हज़ार रुपये का भी प्रलोभन दो तो वह नहीं उतरता। ग्यारह रुपये की भी ज़िद नहीं। पूछने पर कहता है कि निरंजनी का यही आदेश है, भरण-पोषण के लिए। "भगवान का भी बाबू कोई मोल होता है?" उसके इस सवाल का क्या जवाब दें?

बिन मोल के अनमोल शिवलिंग वह निकाल लाया है। पाँच हैं संख्या में। पूर्ण शिवलिंग, चन्द्रमा भी, सर्प भी, त्रिपुण्ड भी इन चिकने शिवलिंगों पर स्पष्ट हैं।

आस्था ऐसा भाव है, जो कभी तिरोहित नहीं होता। नास्तिकों की भी अनास्था में आस्था होती है। इसलिए आस्तिकों के लिए आस्था तो ऐसा भाव है, जो सदैव कहीं-न-कहीं अपना ठौर तलाशने को व्याकुल रहता है। ये पाँच शिवलिंग आस्थावानों को मिल गये तो उनकी आस्था को ठौर मिला, लेकिन मैं सोचता रहा उस गेंदालाल नाम के व्यक्ति के बारे में जिसकी अटूट आस्था उस निरंजनी में है, जिसके कुण्ड में जाने कितने असंख्य शंकर समाये हैं, बाणासुर ने कहाँ उन शिवलिंगों को गिना होगा जो वह सहस्त्रों वर्षों तक इस नर्मदा को समर्पित करता रहा। सच्चे तपस्वी अपनी साधना के दिन नहीं गिनते, घड़ी नहीं गिनते, साधना की विधि का कोई हिसाब नहीं रखते। साधना तो समर्पण में डूबी निस्सीम तल्लीनता है। इस तल्लीनता के क्या तट और क्या छोर?

गेंदालाल सच्चा साधक है जो पूरी तल्लीनता के साथ अपनी निरंजनी के प्रति समर्पित है। नर्मदा उसके लिए नदी नहीं है, वह तो उसकी नियति है। इसी नियति को वह निरंजनी कहता है। इस निरंजनी के नीर में समाये तरह-तरह के शिवलिंगों को वह जिस तरह पहचानता है उसी तरह मछलियों को भी। उसने जाने कितनी तरह

की मछलियों के नाम गिनाये, रोहू, कलवर, साड़िस, तुमेल, ननल, पाड़न, सिंघाड़, खारई, अड़मई, सुरड़ी, चालट, फतलर, मोहिनी, घोल, मले, गेगरे, भेकड़ी, डुम्मर, बसीर और न जाने कितने। मुझे लगा इस निरंजन ने तो निरंजनी के पोर-पोर को अपनी आँखों में समो रखा है।

फिर यह भी सोचा कि यह नर्मदा को निरंजनी क्यों कहता है? क्या मतलब निरंजन का? निरंजन के कई पर्याय हैं, निर्दोष, निर्लिप्त, निर्विकार, मायारहित, एक अर्थ परमात्मा भी है। मेरे साथी मित्र ने भी मुझे यही समझाया कि निरंजन का मतलब परमात्मा और नर्मदा भी वही परम शक्ति, निरंजन पुल्लिंग और निरंजनी स्त्रीलिंग मगर जाने क्यों मुझे लगा कि ये तो निरंजन के, निरंजनी के रूढ़ अर्थ हैं। ये व्याकरण, भाषाशास्त्र और परम्परा की दृष्टि से सही भी हों तो भी ये व्यंजना-शून्य हैं।

मेरे अंचल में निरंजन अन्धे को कहते हैं। जिसकी दोनों आँखों में ज्योति न हो, उसे कहते हैं वह निरंजन है। जिसकी आँखों में ज्योति का अंजन न हो, वह निरंजन। मैं समझता हूँ यही सच्ची व्यंजना है इस शब्द की। आँखों में समाई उस ज्योति के क्या मायने जो आँखों को वह दिखाये जिसे देखकर मनुष्य निर्दोष न रह पाये, निर्लिप्त न रह पाये, निर्विकार न रह पाये, निरंजन तो वही जिसकी अन्तर्दृष्टि सूर की तरह इतनी प्रखर हो कि लोग उसे सूर कहें। सूर से बड़ा निरंजनी कौन? भले आँखों में ज्योति का अंजन न हो लेकिन वे सच्चे निरंजन हैं। आज तो कोई ऐसा ज्योति सम्पन्न आँखों वाला नहीं दीखता जिसे निरंजन कह सकें। ऐसे अन्धे भी नहीं दीखते जो निर्लिप्त, निर्विकार और निर्दोष हों। ऐसे परिदृश्य में यदि गेंदालाल जैसा व्यक्ति मिल जाये तो उसे निरंजन न कहें तो क्या कहें?

और निरंजनी? नर्मदा को वह निरंजनी कहता है। जब वह उसे निरंजनी कहता है तो वह उसे अपनी ऐसी माँ के रूप में पुकारता है, जो उसके पोर-पोर में समाये सुख-दुःख को समझती है, क्योंकि उसी ने तो उसे जीवन दिया, जीविका दी और आज भी दे रही है। ये निरंजन और निरंजनी कैसे विच्छिन्न हो सकते हैं, एक दूसरे से। नर्मदा निरंजनी ही है। अमरकंटक से भरूच तक वह सुगम पथों को खोजकर आगे नहीं बढ़ती, टेढ़ी चाल, अपने वेग पर इतना भरोसा कि पहाड़ों को चीरती चलती है और बहाव की दिशा के ख़िलाफ़ बहती है। क्वाँरी नर्मदा की सोन से नहीं पटी, अमरकंटक के थोड़े आगे से ही दोनों ने अपने रास्ते बदल लिये। आगे बढ़ी तो तवा नामक नद उसे ब्याहने आया, उसने उसे ऐसा पछाड़ा कि उसके प्रवाह की दिशा ही बदल गयी। जाने कितनी छोटी-छोटी धाराओं वाली टिमरन, अजनाल और गंजाल जैसी क्षीण नदियों को उसने गले लगाया और आगे बढ़ती गयी।

गंगा में मन्दाकिनी मिली, भागीरथी मिली, यमुना मिली, सभी समृद्ध जिन्होंने गंगा को और समृद्धि दी, लेकिन नर्मदा के पास समृद्ध नदियों का समूह नहीं है। छोटी और असहाय-सी नदियों को उसने अपने में मिलाया और आज भी वह समृद्ध नहीं लेकिन समर्थ है। सबको लेकर चलती है, लेकिन जब कहीं अवरोध बीच में आया तो भिड़ पड़ती है, बिफर पड़ती है, उस अवरोध को तोड़ने वह बार-बार सहस्त्र धाराओं में बदल जाया करती है, फिर विजय पाकर एक हो जाती है। कहीं करधनी-सी हो जाती है, जैसा उसे कालिदास ने माहिष्मती में देखा तो कहीं इतनी विशाल कि सिन्धु भी लजा जाये। नर्मदा-तट का कवि तब वन्दना करते गा उठता है,

विराट मातु नर्मदे जो सिन्धु को लजावती।

ऐसी प्रखर अन्तर्दृष्टि वाली नदी जिसकी नियति संघर्ष और संकल्प के साथ सदैव गतिमान बने रहकर अपने लोकांचल के भरण-पोषण करते रहने की हो न कि अपने तट पर कुम्भों को सजाने की तो ऐसी नर्मदा निरंजनी ही होगी। नर्मदा न तो निर्लिप्त है न निर्विकार। वह निर्दोष भी नहीं है। वह लिप्त है तो अपने अंचल के आसपास बसे लोगों का भरण-पोषण करने, उसमें विकार है तो यह कि वह किसी अवरोध की वन्दना नहीं करती, उससे संघर्ष करती है, समझौते नहीं करती और उसमें दोष है तो यह कि वह अपनी पावनता को महिमामण्डित करने के लिए लालायित नहीं है। इस नर्मदा को निरंजनी न कहें तो क्या कहें?

इस निरंजनी को निहारते-निहारते मन अमरकंटक से भरूच तक की यात्रा कर आया। बड़ी तृप्ति मिली। लगा कि निरंजन और निरंजनी के अर्थ को थोड़ा बहुत जाना। लगा कि निरंजन हो जाना ही नर्मदा का सच्चा पुत्र हो जाना है। अपने आसपास के विपन्नों के दु:ख-दर्द में शरीक हो लूँ, वह हिम्मत जुटाऊँ कि अवरोधों से टकरा सकूँ, अपने-आपको महिमामण्डित कराने की कोशिशों से दूर रह पाऊँ तो सच्चा निरंजन हो सकूँ। निरंजनी यह ताक़त दे कि निस्पृह रह सकूँ। निस्पृह हो जाना बहुत कठिन है, लेकिन यदि हो जाओ तो निरंजन हो जाओ।

धावड़ी कुण्ड पर यही संकल्प लेकर उठा कि ऐसा साहस जुटाने का यत्न करूँगा कि मैं इस निरंजनी का निरंजन हो सकूँ।

आज समाज में आँखों वाले ऐसे निरंजनियों की भीड़ है जो अपने-आपको निर्दोष, निर्लिप्त, निष्कलुष कहते हैं, यह आडम्बर रचते हैं, कि उनमें कहीं परमात्मा का अंश आ गया, ऐसे लोगों को देखकर ऐसे आईनों की याद आती है, जिन पर कोई बिन्दी नहीं। ये श्रीहीन दर्पण हैं, व्यक्तित्वहीन दर्पण, ऐसे दर्पण जिनके पास न अपनी कोई धवलता है न यह साहस है कि ये मनुष्य को उसकी असली अस्मिता दिखा सकें। ये उसे सिर्फ़ छलते हैं।

गेंदालाल इनका अपवाद है। वह ऐसा दर्पण है जिस पर बिन्दी लगी है उसकी निष्कलुषता की, वह सच्चा व्यक्तित्व है, उसे किसी यश की, मोह की लिप्सा की चाह नहीं। जाने कितने विशालकाय पाषाणों के बीच उसके जैसे छोटे मोती की आभा बरबस दमकती है।

निष्कलुषता की बिन्दी लगे इस दर्पण को देखकर लगता है अभी लालिमा के स्पन्दन शेष हैं। बिन्दी लगे आईनों की आज बेहद ज़रूरत है।

मैं बिना बिन्दी का दर्पण, आज बिन्दी लगे, लालिमा से दमकते आईनों की खोज में निकल पड़ा हूँ। आश्वस्त हूँ ऐसे कई आईने मौजूद हैं, मिलेंगे, ऐसे कई निरंजन हैं, ज़रूर मिलेंगे।

••

प्रभास की सीपियाँ

द्वारिका से लौटते हुए प्रभास क्षेत्र की ओर यात्रा बढ़ चली। उसी पथ से जिस पथ से संकर्षण बलराम गये होंगे, अभिशप्त यादव गये होंगे, गये होंगे अर्जुन, दारुक और कृष्ण। सागर के तट से सटे हुए पथ पर यात्रा जारी है। पोरबन्दर से प्रभास तक जो सड़क जाती है वह अचानक उन्मुक्त हो उठती है। चलते-चलते सड़क के दोनों ओर दीख पड़ने वाले टीले और वृक्ष विलुप्त हो जाते हैं और सड़क के समानान्तर गर्जन करता तरंगों को बार-बार तट पर टकराता अपरिमित सागर दिखाई देने लगता है।

साँझ निकट आ रही है, सूरज भी प्रयास कर रहा है सागर में समा जाने का लेकिन उसमें समाने से पहले वह उसकी हर हिलोर को अपनी किरणों से स्वर्णिम बना देना चाहता है। हर उठती हरी हिलोर पर सोने की अद्‌भुत वर्षा हो रही है। लहर के ऊपर स्वर्णिम कान्ति है और लहर के ऊपर उठते ही उसकी बूँद-बूँद में बिखरी रजत आभा! इस सागर ने इस ढलते दिवस में सोने और चाँदी के जाने कितने ख़ज़ाने अनावृत्त कर दिये।

आँखें तो इस अद्‌भुत शोभा को निहार रही हैं लेकिन छोटे बालक का कुतूहल उसे सागर के उस रेतीले तट तक खींच ले गया जहाँ सीपियाँ ही सीपियाँ बिखरी हैं। इन बिखरी सीपियों को वह तल्लीनता से बटोर रहा है। दृष्टि सागर पर पड़ती है, रेत पर बिखरी सीपियों पर और उस अबोध बालक पर जिसे सागर की उत्ताल तरंगों का नर्तन अभिभूत नहीं करता, रेत पर बिखरी सीपियों का सम्मोहन खींचता है।

मन कहीं दूर द्वापर तक चला जाता है। अपनी अन्तिम यात्रा के समय में कृष्ण भी इसी पथ से गुज़रते, इसी समुद्र के किनारे अबोध शिशु बन गये होंगे। कृष्ण तो स्वयं समुद्र थे मगर इस समय उनके लिए वह तुलनीय नहीं रहा। उसका वैराट्य, उसकी गहराई, उसकी आसमान को छूती हिलोरें, उनकी दृष्टि में यह सब निस्सार था। वह सागर जो द्वारिकाधीश के पाद-प्रक्षालन द्वारिका में करता रहा, उसे वे वहीं छोड़ आये थे। वे तो अब निपट अकेले कृष्ण थे। मानव कृष्ण। उस पल उस समुद्र

को उन्होंने कुछ इस तरह देखा मानो वह सिर्फ़ सीपदान करने वाला अपनी तरंगों में लीन दाता भर हो। इस सागर के अपरिमित स्वरूप में, उसकी तरंगों में, गर्जन में, उन्होंने अपने कृतित्व के प्रतिबिम्ब नहीं निहारे, वे तो बस बटोरते रहे सीपियाँ जो कभी उनके कृतित्व की मूक साक्षी बनकर सागर के तल में युगों तक पड़ी रहीं और आज सतह से रेत के तट पर आकर उनसे मानो पूछ रही हों कि हमें अब सहेजने की सुध आयी जब ख़ुद अपनी सुधि बिसराने के लिए सदैव के लिए जा रहे हो।

द्वारिका से प्रभास की ओर जाते मधुसूदन इन सीपियों को जाने कब तक सागर-तट पर बटोरते-बटोरते अपनी तमाम स्मृतियों को आख़िरी बार सहेज लेने का जतन करते रहे होंगे।

सीप में बन्द सुधियाँ, अपनी सुध खो देने के आख़िरी चरण में ही सहेजी जाती हैं फिर वह चाहे कृष्ण हों या साधारण मानव। और इस आख़िरी चरण में कोई भेद नहीं रहता ईश्वर और अबोध शिशु के बीच।

इसलिए जब अबोध बालक सीपियाँ बटोर रहा था तब याद आ रहे थे युगपुरुष, भावपुरुष, अवतारपुरुष, अच्युत, सच्चिदानन्दधन, कृष्ण, वे एक-एक सीपी की निचली चमकीली सतह से अपने कृतित्व की एक-एक भंगिमा देखते थे, देवकी, वासुदेव, कारा, कंस, तमाम पाण्डव, कौरव, भीष्म वे सारे यादव जिनके वे अग्रपुरुष थे, फिर रुक्मिणी, सत्यभामा और न जाने कितने अनगिनत व्यक्तित्व, अपनी अनगिनत लीलाएँ और अन्त में सिर्फ़ एक सीप की चमकीली सतह पर राधा की छवि उभरी होगी जो प्रभास से कोसों दूर कालिन्दी के तट पर ताज़े मोगरे के फूलों की वेणी बाँधे उनकी बाट युगों से जोह रही थी। यह निहारना, सीपी की बेजान सतह पर अपने जीवन्त अतीत को देखना सिर्फ़ कृष्ण की अपनी निधि था जिसमें कोई साझीदार नहीं था। साक्षी थी रेत जो गोपाल की साक्षी रही यमुना के उल्लास भरे तीर पर और इस निर्जन वीरान सागर-तट पर भी। इस रेत ने सिर्फ़ यही आख़िरी सीप सौंपी श्याम को जिसमें सिर्फ़ श्यामा थी और कोई नहीं। इस आख़िरी सीप को निहारकर केशव चल पड़े होंगे दारुक के साथ।

गान्धारी का शाप सार्थक हो गया था। यादवों का अन्त निकट आ गया था। मदिरा ने मति विलुप्त कर दी थी। वे यादव जिन्होंने महाभारत में अपने पौरुष से इतिहास की धारा मोड़ दी, मदमस्त हो संघर्षरत हो गये।

स्वयं कृष्ण ने देखा कि सात्यकि ने कृतवर्मा को मारा, फिर अपने ही आत्मीय जनों के द्वारा प्रद्युम्न की मृत्यु, इसके बाद असहनीय हो गया। कृष्ण ने अपने दाहिने हाथ से भूमि पर उगी एरक घास मुट्ठी में भरकर नोंच ली। फिर उन एरक तृणों को झगड़ते यादवों पर फेंका। वे तृण मूसल बन गये और देखते-देखते संहार की रौद्रता

साकार हो गयी। प्रभास में चारों ओर अस्थियों के ढेर बिखरे थे, महाभारत के महान योद्धाओं के अचीन्हे अवशेष।

कृष्ण बड़े उन्मन थे। दोपहर पहले दाऊ की देह को उन्होंने ध्यानस्थ अवस्था में अन्ततः निष्कम्प होते देखा था। योग-साधना से बलराम ने शरीर त्याग दिया था। कृष्ण अब निपट अकेले थे। कृष्ण ने कहा था, "महाभारत में, हे अर्जुन! वृक्षों में, मैं अश्वत्थ हूँ।" कृष्ण ने इसी पीपल के पास बैठकर अर्घ्यदान दिया था। हिरण-कपिला के संगम पर खड़ा यह विशाल पीपल वृक्ष कृष्ण ने चुना, उसकी जड़ों पर सिर टेककर लेट गये और अपना दायाँ पाँव मोड़कर अपनी छाती पर रख लिया। तभी हवा में कुछ सरसराहट हुई, एक तीक्ष्ण, तरल स्पर्श हुआ दायें पाँव के तलुए में, लहू की धार बह निकली। तीर गहरे धँस गया था। उसे निकालने का कोई प्रयास नहीं किया। प्रभात होने को था, आकाश में तारे धुँधलाने लगे थे। सूर्योदय के समय सूर्यास्त की वेला थी। भोर के वेश में कालरात्रि का पहला प्रहर था, इतिहास के असंख्य पन्ने फड़फड़ाकर बन्द होते जा रहे थे। जिस जरा नामक शिकारी ने तीर चलाया, उसे भी निर्भय बना दिया। कहा–"ऋषि के शाप का यह टुकड़ा मुझे लगना ही था, उसके पूर्व यह देह नहीं छूटती–तुम तो निमित्त भर हो, तुमने कोई पाप नहीं किया।" दारुक, कृष्ण के सारथि उन्हें खोजते आये, बनमाली की छाती पर सदैव विराजी रहने वाली तुलसी की माला के गन्ध के सहारे। रोने लगे, पूछने लगे कहाँ जाऊँ? उसे द्वारिका जाने का निर्देश दिया। गरुड़ध्वज रथ घोड़ों सहित देवलोक को चला गया, उसी के साथ पाँचजन्य शंख, सुदर्शन चक्र, कौमोदकी गदा, शारंग धनुष ये सभी वैष्णव आयुध स्वर्ग चले गये कोई साज-शृंगार नहीं रहा। अब कृष्ण निपट अकेले थे। प्रभास में पीपल की जड़ों पर सिर रखे। जिस धरती को इतिहास दिया उसी की धूल में सने कृष्ण, इतिहास से अब भाव में परिणत हो रहे थे।

कृष्ण के महाप्रयाण का साक्षी था 'जरा' नामक व्याघ। अपनी क्षीण होती आवाज़ में कृष्ण ने उससे कहा, "अर्जुन यहाँ आयेंगे। उनसे कहना कि वे गोकुल में प्रतीक्षारत राधा को यह सन्देश भेज दें कि कृष्ण की प्रतीक्षा अब मत करना।"

सच कहा कृष्ण ने अपनी आख़िरी साँस में। सिवाय राधा के कृष्ण की सच्ची प्रतीक्षा और कौन कर रहा था? सब जो उनसे जुड़े वे कृष्ण के अभिलाषी थे। राधा के सिवा कोई नहीं था जिसके सब कुछ कृष्ण थे लेकिन जिसने सबके लिए अपने सब कुछ को छोड़ दिया था और कोई अभिलाषा तक नहीं रखी कृष्ण से। कृष्ण की अन्तिम साँस में इस राधा के सिवा कौन बस सकता था?

राधा को यह सन्देश देने का दायित्व उद्धव को निभाना था। उद्धव को चुना ही था कृष्ण ने इसलिए कि जो दायित्व कोई और न निभा पाये वह उद्धव ही निभायें।

परम्परा से जाने कितने प्रसंग राधा के सम्बन्ध में चले आये हैं। यह प्रसंग भी है जब उद्धव गोकुल पहुँचते हैं। उद्धव कृष्ण का सन्देश लेकर पहले भी राधा के पास पहुँचे थे। आज भी एक सन्देश है। इन दोनों सन्देशों के बीच लम्बे समय का अन्तराल है सब कुछ बदल गया लेकिन राधा नहीं बदली। वह तो वैसी-की-वैसी ही है। सदा सुहागिन, वेणी बाँधे, चन्दन लेपित किये, पूरा गाँव उसे पागल कहता है लेकिन उसका श्रृंगार अक्षुण्ण है। कोई स्त्री पति की मृत्यु के बाद भी श्रृंगार करती रहे तो उसे समाज पागल ही कहेगा। इस पागल राधा से उद्धव जब मिलते हैं तब वह उन्हें तत्काल पहचान लेती है। उद्धव तरह-तरह के संकेतों से उसे समझाने का यत्न करते हैं कि कृष्ण नहीं रहे लेकिन उन्हें लगता है सन्देश पहुँचा नहीं। बड़ी ऊहापोह के बीच वे कहते हैं राधा से कि कृष्ण नहीं रहे, उनकी देह पंचभूत में विलीन हो गयी।

राधा के मुख से हँसी छूट पड़ती है। वह कहती है, 'उद्धव, चलो, मैं दिखाती हूँ कृष्ण को।' वह यमुना के तट पर ले जाती है, दिखाती है उसका प्रवाह, तमाल के कुंज, निस्सीम आकाश। फिर कहती है, यह हैं कृष्ण, तुम्हारी बुद्धि भी वृद्धावस्था के कारण क्षीण हो गयी, तुम भी कृष्ण को देह में देखते हो? जिसने एक बार कृष्ण का स्पर्श पा लिया वह तो स्वयं विदेह हो कृष्ण हो गया। देखो ये सब कृष्ण हैं। कैसे कह दिया कि कृष्ण नहीं रहे।

उद्धव विस्मित हैं, विह्वल हैं। फिर राधा उन्हें उस पीपल के पेड़ के पास ले जाती है, जहाँ अन्तिम बार भोर के पहले पहर में कृष्ण उससे मिले थे। सदैव के लिए कृष्ण से ब्रज छूट रहा था। कोई नहीं था दोनों के पास। तब राधा ने माधव से सिर्फ़ एक कामना की थी कि तुम अपना पाँव आगे करो, मैं उसे आख़िरी बार पखार देना चाहती हूँ। ब्रज की धूलि यदि छूटे तुम्हारे पाँवों से तो मेरे अश्रुजल से छूटे। तब कृष्ण ने अपना दाहिना पाँव आगे कर दिया था, राधा ने उसी दाहिने पाँव के तलुए पर अपनी आँखें रख दीं और जी भरकर अन्तिम बार उस पाँव को अपने आँसुओं से धो दिया।

इसी दाहिने पाँव को प्रभास में पीपल की जड़ों पर लेटे कृष्ण ने आगे कर दिया था और इसी दाहिने पाँव के तलुए से जरा के बाण की नोक स्पर्श पा गयी थी, गहरा और नुकीला स्पर्श, तरल रुधिर बह निकला था। राधा के आँसू चाहे हर्ष के हों या विषाद के, कृष्ण के रक्त की एक-एक बूँद ही तो थे। यदि अपनी आख़िरी साँस में कृष्ण को राधा याद नहीं आती तो कौन याद आ सकता था?

प्रभास तीर्थ में आज दो स्थान हैं। एक तो वह जहाँ कृष्ण को तीर लगा और दूसरा देहोत्सर्ग, जहाँ कृष्ण की देह पंचभूत में विलीन हुई। जिस स्थान पर तीर लगा, वहाँ कृष्ण की मूर्ति है जिसमें वे पैर आगे किये हैं और तीर से विद्ध है पाँव, सामने

जरा हाथ जोड़े खड़ा है। एक पीपल का वृक्ष भी है, कृष्ण के सिरहाने। कुछ आगे देहोत्सर्ग है, नदी के किनारे। वहाँ दो पाँव रखे हैं पत्थर के। इस स्थान पर खड़े होकर आसपास निहारना बड़ा विलक्षण अनुभव है।

जाने कितने युग बीते, पर न कभी राधा अतीत हो सकी न कृष्ण।

मेरे एक मित्र ने बताया था कि वे जब प्रभास गये तब देहोत्सर्ग पर, कृष्ण की समाधि पर वे फूट-फूटकर रोए, मुझे विचित्र-सा लगा यह अनुभव। रोने का क्या प्रश्न? कर्मयोगी की समाधि पर क्यों रोना? वह राधा नहीं रोई जिसके सब कुछ थे श्रीकृष्ण। फिर उसके लिए तो वे कर्मयोगी भी नहीं थे, निरे हरि थे, ब्रजगोपाल, वंशीधर, माधव और कान्हा।

कृष्ण की समाधि वह स्थान है जहाँ जाने पर मन में कृष्ण हमेशा के लिए विराज जाते हैं। वे तो जन्मते हैं वहाँ। कंस की कारा में जन्मे जाने वाले श्रीकृष्ण का प्रभास में अन्त नहीं होता, वहाँ उनका पुनर्जन्म हो जाता है। कृष्णत्व से संस्पर्श द्वारिका में नहीं होता, प्रभास में होता है। प्रभास नित नये उगने वाले प्रभात का नाम है। वहाँ जाने पर लगेगा कि कृष्ण प्रतिष्ठित हो गये एक बार फिर मन में, मानस में।

प्रभास मैं गया तो अभी, इसी युग में, लेकिन लगा कि मेरी साँसों में द्वापर की ही प्राणवायु समाई है। लगता ही नहीं कि समय नाम की भी कोई संज्ञा होती है और उसका लम्बा अन्तराल सब कुछ बदल देता है। देहोत्सर्ग नामक इस तीर्थ के सामने, कृष्ण की समाधि के सामने खड़े होकर यही लगता है कि मानस में कहीं कृष्ण समा गये, मन में विलय हो गये।

प्रभास से लौटते फिर सागर-तट बीच में पड़ा। इस बार अपने अबोध शिशु के साथ मैं भी सीपियाँ बटोर रहा हूँ। युगों से सागर की अथाह जल-राशि के बीच से निकली सीपियाँ और इन सीपियों की चमकीली सतह पर उभर रहे हैं जाने कितने व्यक्तित्व, कितने बिम्ब, आख़िरी सीपी उठाता हूँ, उसमें वेणी से सँवरी राधा और साँवरे माधव की मोहिनी छवि है। उसे सहेजकर रख लेता हूँ। यात्रा की निरन्तरता नहीं टूटती।

●●

मणिकर्णिका की शहनाई

यह दशाश्वमेध घाट है काशी का जहाँ से नाव पर सवार हुआ हूँ। मल्लाह से ठहराव हुआ है एक घण्टे का। वह एक घण्टे में गंगा के प्रमुख घाटों पर ले जायेगा। नाव जो तट पर लगी थी, वह खोल ली जाती है, फिर वह तैरने लगती है गंगा की जल-सतह पर। आगे की ओर मणिकर्णिका घाट पड़ता है, उससे पहले डोम की हवेली। डोम राजा बिना अपना शुल्क लिए अग्नि नहीं देता। जब वह अग्नि देता है तभी हरिश्चन्द्र घाट और मणिकर्णिका पर किसी निस्पन्द देह का दाह-संस्कार सम्भव हो पाता है।

मणिकर्णिका घाट पर अनोखा दृश्य है। चिताएँ जल रही हैं और निष्प्राण देहें दाह की प्रतीक्षा में आसपास रखी हैं। इन देहों पर सुनहरी रंग के कफन हैं, सफ़ेद नहीं। मान्यता है कि यहाँ जिसका दाह-संस्कार होता है वह सीधे स्वर्ग जाता है। देखकर लगता है कि सुख पाने की लालसा इतनी प्रबल भी होती है कि वह जीवन के समाप्त हो जाने के बाद भी विराम नहीं लेती। इस लालसा ने डोम राजा को, उसकी आगामी पीढ़ियों को शाश्वत समृद्धि के आश्वस्ति-भाव से परिपूर्ण कर रखा है। मणिकर्णिका पर अपने दाह की प्रतीक्षा करतीं जाने कितनी देह यही तो पुष्ट करती हैं कि मरण, लालसा की यात्रा को रोकने वाला कोई अवरोध नहीं है, वह तो उसकी यात्रा को गति देने वाला एक सशक्त माध्यम है। कभी काशी करवट भी हुआ करती थी, लोग जीते जी कुएँ में छलाँग लगाकर मरण को वर लेते थे, इस विश्वास के साथ कि इस तरह प्राण तज देने से स्वर्ग मिल जायेगा। यह प्रथा बन्द करा दी गयी मगर मणिकर्णिका पर इस आकांक्षा के, लालसा के प्रत्येक क्षण दर्शन होते हैं।

लगता है मोह के बन्धन मरण को भी बाँध लेते हैं। मृत्यु मानव के मोह से हारती रही है और इसी हार की साक्षी हैं मणिकर्णिका की जीवन्त ज्वालाएँ।

मणिकर्णिका घाट से आरम्भ होने वाली महायात्रा, मोहयात्रा है। यही सोचते-सोचते एक विलक्षण दृश्य देखता हूँ। देखता हूँ कि मणिकर्णिका घाट से ही एक नाव खुल रही है, सजी-धजी नाव में सद्यःपरिणीत युगल बैठा है। साफा बाँधे दूल्हा और हरी चूड़ियाँ पहने, लाल साड़ी में लिपटी सकुची-सी नववधू, शहनाई बज

रही है, ढेर-सी महिलाएँ मंगलगान गा रही हैं। उनके हाथों में आरतियाँ हैं, पुष्प हैं, नारियल हैं। कुतूहल से पूछने पर मल्लाह बताता है कि इस नवयुगल को गंगापूजन के लिए ले जाया जा रहा है। नाव में सवार इन सारे यात्रियों को मणिकर्णिका पर जलती चिताओं से जैसे कोई सरोकार ही नहीं। अद्‌भुत संयोग है, नये सृजन को तत्पर गंगा की आरती उतारता यह नवयुगल और इसी गंगा के किनारे विसर्जित होता हुआ एक और सृजन।

एक ओर रचाव का भाग्य लिखा जा रहा है और दूसरी ओर रचे जा चुके का अन्तिम संस्कार। सजी-धजी नाव से लेकर मणिकर्णिका के घाट पर जलती चिताओं के बीच सृष्टि की कहानी का आरम्भ और अन्त एक साथ दीख पड़ता है। आँखें बिना किसी भाषा के पूरी कहानी पढ़ लेती हैं। सारे दर्शन, तर्क और आख्यान मानो विराम पा जाते हैं। इस सजी-धजी नाव में गंगा की आरती उतारते, नये सृजन का आह्वान करते इस नवयुगल को देखकर लगता है कि यह युगल भी तो एक यात्रा की शुरुआत कर रहा है, मोह की यात्रा की।

कहाँ अन्तर है इस यात्रा में और उस महायात्रा में जो मणिकर्णिका के घाट से ज्वालाओं के बीच शुरू हो रही है।

देह के, शरीर के होने-न-होने से मोह की यात्राओं पर कोई प्रभाव नहीं पड़ता। जीवन जब तक है तब तक मोह के, लालसा के स्वरूप भिन्न हैं और जीवन के बाद फिर उनके रूप भर बदल जाते हैं। कई तो इसी जीवन में निर्मोही बने रहकर, तपस्वी बने रहकर, सब कुछ त्यागकर सिर्फ़ जीवन के बाद की यात्रा की कल्पना करते हैं और वह यात्रा कैसे सुखमय हो, इसी मोह में जीवन त्याग देते हैं। मोह के अनन्त पाश से मुक्ति मिलती नहीं।

कामनाएँ, कामनाएँ, कामनाएँ अन्तहीन कामनाएँ ही हैं जो जीवन की रेखा के दोनों ओर हैं। इनके छोर नहीं दीखते।

गंगा, कावेरी, गोदावरी, नर्मदा ये सारी नदियाँ पूजनीय और वन्दनीय हैं। इसीलिए कि इन्होंने जीवन दिया, उसे जियें कैसे, वह शैली दी और यह भी दीक्षा दी मनुष्य को कि यदि जीना है तो धड़कनों का हिसाब मत रखना। जीने वाले हिसाब नहीं रखते और जो हिसाब रखते हैं वे नित्य मर-मरकर जीते हैं और वास्तव में वे मृत हैं जीवित नहीं। इन सारी नदियों ने जीवनशक्ति दी है, जीवन के बाद का मोह पाल लेने की प्रेरणा नहीं दी। यह मोह तो मनुष्य की अन्तहीन कामना ने पाल लिया। फिर यह मोह जब पला तो पल्लवित होता चला गया। यही पल्लवित मोह जाने कहाँ कहाँ से निष्प्राण देहों को लाकर मणिकर्णिका पर ज्वालाओं को बुझने नहीं देता।

गंगा के तट पर सजे इस घाट को देखकर मनुष्य के निस्सीम मोह की ही पुष्टि होती है, यह पुष्टि नहीं होती कि गंगा के इस घाट पर जलकर कोई सीधा स्वर्ग पहुँच जायेगा। गंगा जीवन के नैरन्तर्य की प्रवहमान साक्षी है। जाने कितने जीवन इसके कछार में पनपे जिन्होंने इस देश की महान सांस्कृतिक अस्मिता रच दी और वे इसी के किनारे विलीन होते गये। गंगा के लिए तो हर जीवन एक रचना है और हर मरण इस संकल्प का बार-बार दुहराव कि जीवन के, सृजन के, रचाव के सिलसिले को कभी थमना नहीं। पाप और पुण्य, स्वर्ग और नरक, गंगा के किनारे परिभाषित नहीं करते, वे तो यही परिभाषित करते हैं कि गंगा के आँचल में जन्मकर कुछ सार्थक रच देना और रचकर गंगा में अपने आपको विसर्जित कर देना ही सबसे बड़ा पुण्य है।

इस देश के इतिहास में जितने महान गंगापुत्र हुए उनके सामने जीवन की सांध्यवेला में मणिकर्णिका घाट नहीं था बल्कि इस देश की संस्कृति को सहेजे रखने के सपने थे।

मणिकर्णिका पर जलती चिताएँ और उनके ठीक सामने बहती नाव में बैठे शहनाई की धुन पर विभोर होते नवयुगल को देखकर इसी नतीजे पर पहुँचा जा सकता है कि गंगा की अस्मिता से सच्चा जुड़ाव तो इसी नवयुगल का है जो गंगा की आराधना कर एक नये सृजन का संकल्प ले रहा है और जलती चिताएँ जिसके लिए अशुभ संकेत नहीं हैं।

एक घण्टा पूरा होने जा रहा है, मल्लाह ने नाव लौटा ली, घाटों को देखकर, प्रवहमान गंगा की जलसतह की गति को अपने में समेटकर फिर किनारे पर लौट आया हूँ।

दशाश्वमेध घाट की सीढ़ियों से ऊपर चढ़ रहा हूँ। मणिकर्णिका के घाट का दृश्य बार-बार कौंधता है आँखों में और फिर इस देश का दृश्य उभर आता है।

लगता है इस देश में अनन्त कामनाओं को पाले लोगों की भीड़, उमड़ी पड़ रही है, एक ही क्यों जाने कितने मणिकर्णिका घाट बन गये हैं लेकिन इस देश की प्रवहमान गंगा की जल-सतह पर कुछ गिनी-चुनी नौकाएँ तैर रही हैं, जिनमें नये सृजन के आकांक्षी बड़ी कम संख्या में बैठे गंगा की आरती उतारने को तत्पर हैं।

इन नौकाओं की संख्या कब बढ़े, कैसे बढ़े, यही विचार मानस में उभर आया है और जलती चिताएँ आँखों के सामने से विलीन हो गयी हैं।

●●

तुम नहीं आये

बड़ी पुरानी पंक्तियाँ अचानक उभरकर मन को मथ रही हैं :

बात वह इतनी नयी जितनी कि तुम थीं
अब पुरानी हो गयी,
तुम नहीं आये, नहीं आये, नहीं आये
हो गया राह का पीपल बड़ा
निमिया सयानी हो गयी।

रास्ते का पीपल बड़ा हो गया, नीम सयानी हो गयी मग़र तुम आये नहीं। यदि अब आओ तो कैसे लगोगे? उम्र कितनी हो गयी होगी, रूप कितना बदल गया होगा, आओगे तो पहचान भी पाऊँगा या नहीं, नहीं मालूम। भले न पहचान पाऊँ मग़र प्रतीक्षा तो होती ही ऐसी है कि जिसकी कोई उम्र नहीं होती। जो ख़त्म हो जाये वह क्या प्रतीक्षा?

प्रतीक्षा तो वह है जिसका अर्थ है या तो करो ही नहीं और करो यदि तो फिर उसे समय से बाँधो मत। ख़ुद को ख़त्म हो जाने दो लेकिन प्रतीक्षा को नहीं। प्रतीक्षा जिस दिन समाप्त हो जायेगी, वह प्रतीक्षा रहेगी ही नहीं वह तो परीक्षा हो जायेगी जिसका समय तय होता है, वह हो जाती है, परिणाम निकल आता है फिर परीक्षा का कोई महत्त्व नहीं रहता। प्रतीक्षा और परीक्षा में ख़त्म न हो जाने और ख़त्म हो जाने का ही तो अन्तर है।

प्रतीक्षा करते रहो तो इस प्रतीक्षा में समाई आकुलता का अपना सुख होता है। आकुलता से बाट जोहते रहने में कहीं-न-कहीं मन एक अतृप्त बेचैनी की तृप्ति में डूबा रहता है। किसी की राह देखो और वह आये नहीं तो बड़ी झुँझलाहट होती है और फिर प्रतीक्षा समाप्त हो जाती है। यह प्रतीक्षा सच्ची प्रतीक्षा नहीं है यह एक क़िस्म की विवशता है। किसी ने कहा वह उस ठौर तक आया नहीं, नहीं आ पाया

तो हमने अपनी राह पकड़ी और चल दिये। नहीं, यह प्रतीक्षा नहीं है, यह बाट जोहना नहीं है, यह राह देखना नहीं है।

सच्ची प्रतीक्षा तो वह है जिसका कभी अन्त न हो। भले लौट आओ अपनी राह पकड़कर मग़र मन में इस भाव का अलख जगाये रखो कि आने वाला ज़रूर आयेगा फिर वह कभी आये। वह नहीं आयेगा यह आशंका पालो मत। जिस पल यह आशंका पल गयी प्रतीक्षा समाप्त हो जायेगी। अविकल रूप से जो विकल बनाये रखे, ठौर पर बार-बार लाकर खड़ा करे, फिर लौटा लाये, लौटते लौटते भी आस बनी रहे और दुबारा फिर ठौर पर जो पहुँचा दे, यह आश्वस्ति दे कि वह नहीं आया लेकिन कल ज़रूर आयेगा और मन को यही लगे कि काश वह कल भी नहीं आये तो फिर लौट जायें, यही तो प्रतीक्षा है।

प्रतीक्षा, आज के जो हम हैं वे नहीं कर सकते क्योंकि प्रतीक्षा करने का वह भाव हमारे पास है ही नहीं। प्रतीक्षा तो राधा की थी, मीरा की, राबिया अल बसरी और गोरा अन्दाल की थीं। इन्होंने अपने प्रिय को कभी सिर्फ़ अपने लिए नहीं बाँधा, बल्कि स्वयं को सदैव के लिए उससे बाँध लिया। समर्पण हो तो अपना हो, प्रिय का समर्पण अपने लिए ही हो यह भाव कहीं व्यक्ति के प्रेम को छोटा बना देता है। इसलिए राधा और मीरा के प्रेम की ऊँचाई, गहराई और निस्सीमता को मापने के लिए अनगिनत हिमालय, सागर और आकाश भी कम होंगे। यदि किसी के सच्चे समर्पण को परिभाषित करना हो तो सिर्फ़ राधा कह दो, मीरा या गोरा अन्दाल। इसी समर्पण में ऐसा विरह समाया है जो प्रेम को और छलकाता है, यह विरह दुःखी नहीं करता बल्कि दुःख को बिसरा देता है

नन्ददास ने कहा :

कृष्ण विरह, नहीं विरह, प्रेम उच्छलन कहावै।
निपट परमसुख रूप, इतर सब दुःख बिसरावै।।

यह जो विरह की आकुलता है, वही आकुलता प्राण है प्रतीक्षा की। यह आकुलता जब तक बनी रहती है तब तक मानो मन में आशा का दीप प्रज्वलित रहता है। यह दीप बुझ तब जाता है जब मिलन के साथ आकुलता समाप्त हो जाती है। समाप्त हो जाने वाली आकुलता का कोई अर्थ नहीं। अर्थवान आकुलता तो वह है जिसकी यात्रा ख़त्म ही न हो; जो मिलन के पहले भी बनी रहे, मिलन के बीच भी और मिलन के बाद भी। दो बिछोहों के बीच मिलन एक पुल है। इस पुल पर से गुज़रते आकुलता को छोड़ दें और पुल के दोनों छोरों पर फिर उसे अपना लें तो यह आकुलता को ओढ़ने की कोशिश होगी, आत्मसात करने की नहीं।

विकल मन के दो छोर कभी नहीं होते। विकलता की अनुभूति तो निरन्तरता की है। इस नैरन्तर्य का खण्डित होना प्रतीक्षा की देह का निस्पन्द होना है। विरह के मायने मिलन के क्षण को पा लेने के लिए विकल होना नहीं है, विरह के मायने हैं ऐसे मिलन की आस जो पूरी हो जाये फिर भी विकलता बनी रहे। कोई आने वाला है, उत्कण्ठा बनी हुई है, मन आतुर हो रहा है, जाने कितने सपने आँखों में तैर रहे हैं, जिस राह से वह आयेगा उसे निरन्तर निहारा जा रहा है, समय कब बीत रहा है हर पल इसका साक्षी बना हुआ है, फिर वह निश्चित घड़ी के बीतने पर यदि उत्कण्ठा समाप्त हो जाये, मन की आतुरता को अवसाद घेर ले, आँखों में तैरते सपने उड़ जायें, राह की ओर ताकें तक नहीं और लौटने को तत्पर हो उठें तो इसे प्रतीक्षा नहीं कहा जायेगा। निश्चित घड़ी के बीतने पर फिर दुगनी उत्कण्ठा लिये बाट जोहें कि आने वाला आयेगा और यह उत्कण्ठा मनोभूमि को निरन्तर अपने जल से सींचती रहे तो सच्ची प्रतीक्षा यही होगी।

निश्चित घड़ी के बीतने से या न बीतने से प्रतीक्षा का कोई सम्बन्ध नहीं होता, किसी के आने या न आने से उसकी कोई संगति नहीं, आना या न आना तो एक निमित्त मात्र है। इसी निमित्त ने प्रतीक्षा नाम की संज्ञा को अस्तित्व भर दिया है। मूल तथ्य तो है वह जिसके लिए समर्पण है, पूर्ण समर्पण, ऐसा पूर्ण समर्पण जिसे समय बाँध नहीं सकता, शब्द अभिव्यक्त नहीं कर सकते जो सिर्फ़ अनुभव है। यहीं अनुभव चेतना को सम्पन्न करता है, उसे इतना सशक्त बना देता है कि वह सदैव जाग्रत बनी रहती है, उसकी पलकें झपकती नहीं। जाग्रत चेतना प्रतीक्षा की देन है। चेतना का यही जागरण हर समय को समृद्ध करता चला आया है अन्यथा मनुष्यता की यात्रा जाने कब विराम पा जाती। कबीर कहते थे :

बहुत दिवस से जोहती, बाट तुम्हारी राम।
जिव तरसै तुझ मिलन को मन नाहीं बिसराम।।

कबीर की आँखें यदि अपने राम की बाट जोहतीं और विश्राम पा जातीं तो कबीर के बाद आने वाले जाने कितने युग चेतना के जागरण से वंचित रह जाते। कबीर अपने राम की बाट जोहते रहे, अपनी आँखों को उन्होंने विश्राम नहीं लेने दिया और कबीर ने कभी यह दावा पेश नहीं किया कि उन्हें राम मिल गये। अपने राम के मिल जाने का दावा यदि कबीर ने किया होता तो फिर कबीर, कबीर होते ही नहीं। वे भी उन तथाकथित महात्माओं की जमात में शामिल हो जाते जो राम को पाने का दावा कर अपने दम्भ को पुष्ट भर कर लिया करते हैं।

कबीर की आँखें अनवरत बिना विश्राम किये अपने राम की बाट जोहती रहीं, उनकी इस प्रतीक्षा की कोई निश्चित घड़ी नहीं रही। यह ऐसी प्रतीक्षा थी जिसे ख़त्म

होना ही नहीं था जो की ही इसलिए जा रही थी कि उसकी निरन्तरता खण्डित न हो। राम का आना तो एक निमित्त भर था।

कबीर जैसी आँखें मिलें और सूर जैसा अन्धत्व तो फिर प्रतीक्षा करने की अभिलाषा पूरी हो जाये।

जाने कितने पीपल के छोटे-छोटे पौधे जो विभिन्न अन्तरालों के बीच उगे और कब तब्दील हो गये कद्दावर घने वृक्षों में, जाने कितने नीम जो शिशु थे वे सयाने हो गये और इन पीपल तथा नीम को निरन्तर पनपते, घने होते चला जाना होगा और तुम्हें नहीं आना होगा, तुम्हारे न आने को मैं अनुभव करता रहूँ और मेरे आसपास अनगिनत पीपल और नीम उगकर, पनपते रहें, मैं यही तो चाहता हूँ। कैसे समझ लिया कि मैं चाहता हूँ तुम आओ!

●●

परदेस के पेड़

हाल में कुछ अनोखे वृक्ष देखे। अपने देश में उगने वाले वृक्षों से भिन्न। ये वृक्ष विदेश में उगे हैं, पल्लवित और विकसित हुए हैं। ऑस्ट्रेलिया जाकर मैं हाल में अपने देश लौटा हूँ और आँखों में इन वृक्षों की छवियाँ-ही-छवियाँ हैं। ये कई मायनों में अनोखे हैं। कई पेड़ों के तने और पत्तियाँ धूसर रंग की हैं। स्लेटी पत्थर के रंग की तरह। कई पेड़ ऐसे हैं, जिनका तना बड़ा पतला है, लेकिन वे इतने ऊँचे हैं कि उन्हें देखते, गर्दन दु:खने लगती है। हल्की हरी पत्तियाँ हैं और टहनियाँ नहीं हैं। कुछ पेड़ ऐसे हैं, जो भरपूर हैं, बैंगनी रंग के फूलों से। कई छोटे-छोटे पेड़ों पर झबरीले नारंगी रंग के बड़े-बड़े आकार के, गहरे नीले रंग के फूल ऐसे खिले हैं कि पत्तियाँ ढक गयी हैं। कई ऐसे पेड़ हैं कि उनके फूलों का रंग ही बदल जाता है। पत्तों की हरियाली, हमारे यहाँ के पेड़ों की तरह गहरे हरे रंग की नहीं है, उनकी रंगत हल्की है। वे 'श्याम हरित द्युति' जैसी नहीं हैं। पन्त ने, निराला ने और उनके पहले तुलसी और कालिदास ने जिस भारतीय निसर्ग के सौन्दर्य को गाया है, यह सौन्दर्य उससे भिन्न है। सौन्दर्य भी कवि को गाने के लिए बाध्य करता है और तब कवि की विवशता होती है कि वह वही गाये जो सौन्दर्य उससे चाहता है। ऑस्ट्रेलिया के समृद्ध और इतराते हुए पेड़ों का सौन्दर्य अद्‌भुत है। वे गर्मियों में भी हरे-भरे बने रहते हैं। पतझर का कोई प्रभाव दृष्टिगत नहीं होता। लगता है जैसे पत्तों का जब मन भर गया हो, तब वे स्वयमेव झरने को तत्पर हो गये हों।

टहनी से पत्ते का बिछोह, पत्ते की अपनी आकांक्षा है।

इन पेड़ों को देखा तो हमारे देश के पेड़ों से तुलना करने का मन हो आया। लेकिन तुलना नहीं हो पायी। प्रकृति तुलनात्मक कहाँ होती है। वह हो भी नहीं सकती, क्योंकि वह बड़ी सहज, स्वाभाविक और निष्कपट होती है। तुलना वहाँ हो सकती है, जहाँ असहजता हो, अस्वाभाविकता हो, छल हो। कहीं एक-दूसरे से ऊँचे हो उठने के भाव की विद्यमानता इस तुलना को जन्मती है, फिर चाहे यह भाव

आदमी में हो या आँकड़ों में। तुलना आदमी से आदमी की हो सकती है और होती है। इसलिए कि आदमी असहज, अस्वाभाविक और छल से भरा भी होने लगा, जब नहीं था तब तुलनीय भी नहीं था। आज है। पेड़ों की तुलना करते-करते मैं आदमी की तुलना करने लगा। तुलनीय हूँ इसलिए तुलना करना प्रवृत्ति है। देश और परदेस के पेड़ों के बारे में सोचते-सोचते लगा कि ऑस्ट्रेलिया में मैंने अपने देश के ही, अपने आत्मीय ही ऐसे लोग देखे हैं जो परदेस के पेड़ हो गये। यहाँ जन्मे, यहाँ पले, बढ़े और 30-35 बरस गुज़ारने के बाद विदेश में बस गये। उन्हें देखकर लगता है जैसे वे वहाँ किसी यौवन से भरपूर तरुण वृक्ष की तरह रोप दिये गये हों। लगता है जैसे हमारे देश से जड़ों के साथ वे उखड़ कर विदेश चले गये और वहाँ की ज़मीन में अपनी जड़ों को जमाने की कोशिश करने लगे। इनके बीच काफ़ी समय रहा हूँ और कोशिश करता रहा हूँ कि यह अनुभव कर पाऊँ कि ये पेड़ वहाँ अपनी जड़ें जमा पाये या नहीं? मुझे लगा कि ये पेड़ वहाँ जम ज़रूर गये हैं, लेकिन इनकी जड़ों को वहाँ की मिट्टी रास नहीं आ रही। जड़ों ने वहाँ की मिट्टी से जल खींचकर अपने तनों को जीवन्त बने रहने की ऊर्जा और शक्ति ज़रूर दे दी है, लेकिन ये जड़ें, यह कर्तव्य बड़े बेमन से निबाह रही हैं। ये जड़ें आज भी उस मिट्टी के बीच अपने आपको बड़ा अजनबी-सा महसूस करती हैं। लगता है ये तरुण वृक्ष वहाँ पनप ज़रूर गये, लेकिन वे बरसों बाद भी वहाँ के वनों और उपवनों के बीच अजनबी और अकेले हैं। ये तरुण वृक्ष यों तो हरियाली से भरपूर हैं मग़र इस हरियाली ने उन्हें अपने बीच छुपा लिया। बारिशों में ये पेड़ बस इसी हरियाली की शाल को ओढ़े हुए चुपचाप इस तरह खड़े रहते हैं कि उन्हें पहचान पाना मुश्किल होता है, बक़ौल डॉ. बशीर बद्र :

बारिशों में किसी पेड़ को देखना,
शाल ओढ़े हुए भीगता कौन है।

कई पेड़ इस तरह के होते हैं कि वे खड़े तो दीखते हैं, लेकिन उन पर हरे पत्ते नज़र नहीं आते। मख़्मूर सईदी के अशआर याद आते हैं :

रंग पेड़ों का क्या हुआ देखो
कोई पत्ता नहीं हरा देखो।

कई पेड़, दुष्यन्त की याद दिला जाते हैं, 'जहाँ दरख़्तों के साये में धूप लगती है।'

कुछ सजीले देवदार दिखाई देते हैं तो नागार्जुन की तरह पूछने को मन होता है–

सजीले प्रिय देवदार!
कौन भला तुमको-
यहाँ पर लाया उतार?

लेकिन इस प्रश्न का उत्तर इन वृक्षों को भी मालूम है और मुझे भी लेकिन दोनों नहीं बोलते। विदेश में पनप रहे इन पेड़ों को देखकर अपने देश के उन बबूलों की याद आती है, जिन्होंने इन सजीले देवदारों की जगह ख़ुद के लिए घेर ली और आज इन जैसे देवदारों को रोकने का छद्‌म प्रयत्न करते हैं। रहीम का यह दोहा इस सन्दर्भ में बड़ा सटीक है :

आप न काहू काम के, डार पात, फल, फूल।
औरन को रोकत फिरैं, रहिमन पेड़ बबूल।।

मुझे लगता है ये पेड़ कभी परदेस के पेड़ नहीं हो सकते। भले कितने बरस बीत जायें, ये तरुण वृक्ष, वृद्ध बरगद में बदल जायें लेकिन इनकी जड़ें जातीय ही रहेंगी। इन जड़ों को विदेश की इस ज़मीन से अपरिचित ही बने रहना है। ये जड़ें इसी देश की मिट्टी की देन हैं। इन जड़ों को अपनी ही मिट्टी में पनपना था, उसकी गहराई में समाना था, लेकिन उनकी नियति बदल दी गयी। बबूलों ने देवदारों को विस्थापित कर दिया। परदेस के पेड़ों के बीच इन पेड़ों को देखना अपने आप में एक पीड़ादायक अनुभव है, क्योंकि इन पेड़ों ने यह निश्चय कर लिया कि वे अब अपनी जड़ों को परदेस की मिट्टी में ही विस्तारित करेंगे। इस निश्चय का बड़ा कारण उनकी अपनी विवशता है। बहुत कम हैं ऐसे जिन्हें परदेस की यह मिट्टी रास आ गयी हो और अपने देश की मिट्टी से उन्हें कोई मोह न रह गया हो। इस विवशता के कारण कई हैं जिन्हें हम जानते हैं। ये कारण दूर नहीं होते। जगह-जगह उगे बबूल इन कारणों को बने रहना देना चाहते हैं।

यदि ये पेड़ इसी देश की मिट्टी में पनपते और विकसित होते तो देश में कहीं अधिक सघनता होती, घनी छाँह होती, मरुस्थल का क्षेत्रफल घटता और इतनी अमराइयाँ होतीं कि उनके नामकरण के लिए, नाम नहीं मिलते। यह नहीं हुआ तो इसका पश्चात्ताप स्वाभाविक है। यह पश्चात्ताप उन बबूलों को नहीं होगा, जिन्होंने इन अमराइयों की जगह अपने लिए घेर ली, लेकिन उन आम्र वृक्षों को ज़रूर होता है जो अपने देश में भी अजनबी से बनकर खड़े हैं, क्योंकि उनकी पहचान का संकट बबूलों के झुण्डों ने उत्पन्न कर दिया। आम्र वृक्ष यदि विस्थापित नहीं कर दिये गये होते तो बहुलता उनकी होती और पहचान का संकट बबूलों के लिए उत्पन्न होता। यह स्थिति बदलनी चाहिए। इसलिए कब तक इस देश के तरुण आम्र वृक्ष अपनी

पहचान का संकट झेलते रहेंगे और इस देश की मिट्टी बबूलों के पल्लवन के लिए विवश होकर कब तक अपने जल से उन्हें सींचती रहेगी। इस देश की उर्वर माटी बबूलों के बीजों की बाँट अब नहीं जोहना चाहती। वह चाहती है फलों से भरपूर वृक्षों को सींचना, उन्हें शक्ति देना, उन्हें इतना ताक़तवर बनाना कि वे इस देश की पहचान बन सकें। ज़रूरी है कि अपनी मिट्टी उन वृक्षों के विस्थापन की साक्षी न बने, जो वृक्ष रसभरे फलों से इस देश के सांस्कृतिक जीवन को मीठा बनाते आये हैं।

विदेश के वृक्ष निश्चित ही बड़े सुहावने, हरे-भरे और मनोहारी हैं। ऑस्ट्रेलिया की ठण्डी जलवायु में चेरी और आड़ू के वृक्ष घरों के आगे स्वाभाविक रूप से वैसे ही उगे दिखाई देते हैं, जैसे हमारे यहाँ आम, अमरुद और सीताफल। इन फलों से भरपूर हरे-भरे वृक्षों को देखकर, जिन्हें अपने विस्थापन का कोई भय नहीं है, विवशता नहीं है, बड़ी ईर्ष्या होती है। ये निर्भय होकर उगे हैं, बिना किसी भय के विकसित होते रहेंगे, अपने समाज को भरपूर रसभरे फल बाँटते रहेंगे और आजीवन जीवन शक्ति से भरपूर बने रहेंगे। इनकी जड़ों को यह भय कभी नहीं सतायेगा कि कभी अपनी तरुणाई में उन्हें उस मिट्टी के बीच भी जगह बनानी होगी, जो उनके लिए अनजानी है। मिट्टी का तो स्वभाव है, अपना लेना फिर वह मिट्टी चाहे किसी देश की हो लेकिन जड़ों का स्वभाव मिट्टी के स्वभाव से भिन्न होता है। वे मिट्टी में समा तो जाती हैं, लेकिन उस मिट्टी के साथ अनुकूलता स्थापित कर अपने तरुण वृक्ष के तने के लिए वे रस को सोख लें, यह ज़रूरी नहीं होता।

सोचता हूँ जाने कब इस देश के तरुण और मेधावी वृक्षों की जड़ों को अभय मिलेगा। आज के जो नवांकुर हैं, उन्हें देखकर सहमता हूँ। वे यहीं पनप रहे हैं, विकसित हो रहे हैं लेकिन अभी से अपने विस्थापन के बारे में भी सोच रहे हैं। जो तरुणाई इस देश के बाहर चली गयी, वह चली गयी। कोशिश होनी चाहिए कि वह वापिस आये। पूरी अमराई न लौटे, तो कुछ वृक्ष ही लौट आयें। लेकिन संकल्प तो यह होना चाहिए कि जो नये पौधे हैं, वे बीज जो अंकुरित हो रहे हैं, उनकी जड़ों को अभय मिले। वे जब वृक्ष बनें तो उन्हें विस्थापन की पीड़ा न झेलनी पड़े। यह संकल्प समाज को लेना होगा कि उन बबूलों को समूल नष्ट कर दिया जाये, जो इन अंकुरित हो रहे वृक्षों को नियोजित रूप से विस्थापन के लिए मजबूर करेंगे ताकि बबूलों का क्षेत्रफल बढ़ता रहे। परिवर्तन आवश्यक है, उसे इस राष्ट्र की नियति के रूप में ढाल देना होगा। नयी सदी, इन नवांकुरों की ऐसी सदी हो, जो इनके विकास को अपने ही देश के विकास में लगा देने की साक्षी बने।

पेड़ों पर पखेरू रहते हैं। पेड़ उड़ नहीं सकता, लेकिन पखेरू उड़ सकते हैं। वृक्ष जब उखड़ता है तो ये पखेरू भी वृक्ष का साथ छोड़कर उन्मुक्त फैले आकाश

में उड़ जाया करते हैं। हमारे देश के वृक्षों पर कलरव गान करते पखेरू भी निर्भय नहीं हैं। उनके बसेरे भी अनिश्चित हैं। इसलिए इन तरुण वृक्षों से आस लगाने वाले पखेरू भी सिर्फ़ अपनी ही परवाह पालने लगे। तरुण तो तरुण, अब तो पीपल, बरगद और शाल जैसे वृक्ष भी अभविष्यत् होने लगे। इन दिनों कई बूढ़े बरगदों को भी देख रहा हूँ, वे भी इस कोशिश में हैं कि अपनी जड़ों सहित वे कहीं और अपने आप को स्थापित कर लें।

कल्पना की जा सकती है कि इन बूढ़े वृक्षों पर वर्षों से जो पखेरुओं ने अपना बसेरा बना रखा है, उनकी मनोदशा क्या होगी? क्या बबूलों के लिए ये तरुण और वृद्ध वृक्ष विस्थापित हो जायें, इन पर बसने वाले पखेरू सदैव के लिए अनन्त आकाश में खो जायें? और यह समाज जिसे इन वृक्षों से बहुत कुछ पाना है, उनके अवदान से सदैव के लिए वंचित हो जाये? इन प्रश्नों के उत्तर अपने दिशा संगत कर्म में खोजने होंगे और इन बबूलों के उस एकाधिकार को ख़त्म करना होगा, जो इन्होंने समाज की मजबूरी का लाभ उठाते हुए जमा रखा है।

ऑस्ट्रेलिया में मैंने व्यवस्था जैसी व्यवस्था देखी। गुण, कौशल और अनुभव पर आधारित ऐसी व्यवस्था जहाँ किसी क़िस्म के दम्भ, आभिजात्य और एकाधिकार का कोई प्रश्न नहीं है। वहाँ प्रतिभा और परिश्रम ही सर्वश्रेष्ठ पारिश्रमिक की कसौटियाँ हैं। पूरी पारदर्शिता है और व्यवस्था तथा समाज में श्रेष्ठता का सबसे बड़ा मानदण्ड परिश्रम है। चाहता तो यह देश भी कुछ नहीं करता। इंग्लैंड की कॉलोनी होने का पूरा लाभ तो उसे वैसे भी मिलता। फिर भी वहाँ के स्वाभिमानी पौरुष ने परावलम्बन को स्वीकार नहीं किया है। उन्होंने अपने देश को अपने परिश्रम और प्रतिभा के बल पर केवल सौ वर्षों में बनाया है। उसे ऐसे राष्ट्र के रूप में विकसित किया है, जिस पर कोई उँगली नहीं उठा सकता। वह पूर्ण विकसित देश बन गया है। वह अंग्रेज़ों का ही देश है। उन्हीं अंग्रेज़ों का, जिन्होंने हमारे देश को ऐसी व्यवस्था दी, जिसके कारण न तो विकास की सही दिशा तय हो पायी और न ही जिस व्यवस्था ने हमें पिछले 50 वर्षों से ज़्यादा के समय में बड़े उत्साहजनक परिणाम दिये। आज हमारे देश की जो उपलब्धियाँ हैं, वे गिने चुने अपवाद व्यक्तित्वों की प्रतिभा और परिश्रम का प्रतिफल है। व्यवस्था के प्रति आलोचना के स्वर प्रतिदिन और मुखर होते चले जाते हैं। व्यवस्था से जुड़े व्यक्तित्वों की भी अपनी विवशताएँ हैं, जिनके हल आज तक नहीं ढूँढ़े जा सके। अंग्रेज़ों को तो यही करना था, उन्हें अपने ग़ुलाम देश के लिए ऐसी ही व्यवस्था बनानी थी, जो उन पर आश्रित हो तथा जो अपनी दिशा तय न तय न कर पाये। उन्होंने यही किया, लेकिन पिछले 50 वर्षों से ज़्यादा के समय में हम वह नहीं कर पाये, जो हमें करना था। हम अपनी निजता की सीमाएँ नहीं तोड़

पाये, उदार नहीं बन पाये, परावलम्बन नहीं छोड़ पाये, आचरण के दोहरे मानदण्डों से छुटकारा नहीं पा सके, बिना परिश्रम के अधिक-से-अधिक कैसे हासिल हो सके, इसी के लिए तदर्थ विकल्प खोजते रहे। सरोवर बने रहे, सागर नहीं बन सके। कुल मिलाकर स्वतन्त्र भारत के बाद की यही सार रूप में कहानी है। इसलिए आज भी विकसित नहीं हैं, विकासशील हैं और विकसित कब हो पायेंगे, इसकी कहीं कोई आश्वस्ति भी नहीं है।

इस परिदृश्य में यदि हमारे तरुण वृक्ष उखड़ने को मजबूर हैं तो यह विस्मयकारी नहीं है। प्रतिभा, परिश्रम और कौशल उनके मूल्यांकन के मानक नहीं हैं।

परदेस में मैंने देखा इन पेड़ों को और उनकी पीड़ा को भी। ये पेड़ यों तो वहाँ बड़े हरे-भरे दिखाई देते हैं, लेकिन वास्तव में हैं बड़े उदास, अपनी मिट्टी से बिछुड़े हुए एकान्ती जीव। इन्होंने बहुत कोशिश की कि यदि ये वहाँ से उखड़े तो भी कम-से-कम इनकी मदद वे पखेरू तो करें जिन्होंने इनकी शाखों पर अपना बसेरा बनाया था ताकि इनके उखड़ने के बाद भी कोई एकाध बीज इनकी अस्मिता को वहाँ फिर से रोप सके, लेकिन इनकी यही पीड़ा है कि भले बबूल इन्हें विस्थापित कर देते और संवेदनहीन समाज तटस्थ भाव से इन्हें उखड़ते हुए देखता रहता लेकिन कम-से-कम वे पखेरू तो साथ न छोड़ते, जिन्होंने अपना बसेरा बरसों से इन वृक्षों की टहनियों पर बना रखा था। इन पखेरुओं ने भी उन दिशाओं का सहारा लिया जो उन्मुक्त आकाश में उनकी अगवानी करने के लिए तत्पर थीं। मुझे स्वर्गीय श्रीकान्त जोशी याद आ रहे हैं, जिनकी शायद अपनी पीड़ा इन पंक्तियों में व्यक्त हुई है और जो इन उखड़े हुए तरुण वृक्षों की पीड़ा को इन बेजोड़ पंक्तियों में बाँधती है–

जड़ से एक बारीक रेशे को छोड़
वृक्ष पूर्णतः उखड़ चुका था,
फुनगियों की मुँदती नज़रों से उसने देखा निकट जीवनान्त
उसने पूर्वाश्रिता चिड़िया से कहा, "सुनो खगी, सुनो!
मरे सूख चुके जीर्ण फूलों में कोई बीज हो तो चुनो,
छोड़ दो उस जगह जहाँ काल ने मुझे पछाड़ दिया है
मुझे मदद दो विहंगिनी
मैं मौजूद रहना चाहता हूँ
अपनी ही किसी शक्ल में, अपने ऊपरान्त
जन्म लेना चाहता हूँ इसी जगह
जहाँ स्थिर है–

पंकिल गहराइयों का एकान्त।
चिड़िया ने स्वभावत: नहीं सुनी
वह जर्जरित विषाद विवश वाणी
उसके नन्हे पंखों में भरी थीं उड़ानें
सामने थी
उन्मुक्त आकाश में दिशाओं की अगवानी।

••

सिडनी के सन्नाटे के बीच

समय अचानक थम गया सा लगता है। भारत में, उज्जैन के अपने दफ़्तर में सुबह से शाम और शाम से रात कब बीत जाती थी, पता नहीं चलता था, लेकिन यहाँ भारत से दस हज़ार किलोमीटर की दूरी पर सिडनी में अपनी बहिन के घर पर बैठे, सूनेपन में लगता है जैसे समय बीत ही नहीं रहा हो। सुबह 8 बजे घर खाली हो जाता है। रोज़हिल के जिस इलाक़े में घर है, उसके आसपास के बाज़ार घूम आया हूँ, हैरिस पार्क, पैरामैटा, और आसपास के वे तमाम इलाक़े जहाँ बड़ी-बड़ी दुकानें हैं, क्रिसमस का त्योहार आने वाला है, इसलिए सब जगह क्रिसमस ट्रीज़ सजाये गये हैं। दुकानों पर भीड़ है, सब तरह के लोग हैं। यहाँ सिर्फ़ अंग्रेज़ ही नहीं दीखते, बल्कि मलेशिया, न्यूजीलैंड, चीन, जापान, लेबनान, कोरिया, ब्राज़ील, दक्षिण अफ्रीका, इज़रायल, भारत, श्रीलंका, पाकिस्तान तथा नेपाल से लेकर अर्जेंटीना तक के लोग दिखाई देते हैं। अपनी-अपनी पोशाकों में। युवक और युवतियों को सार्वजनिक रूप से चुम्बनरत देखना, आलिंगनबद्ध होते देखना अपने आप में नया अनुभव है। भारत में यदि उज्जैन जैसे शहर में कोई युवक किसी युवती के कन्धों पर हाथ रख दे तो सैकड़ों नज़रें उनका पीछा करने लगती है, लेकिन यहाँ उन्मुक्तता प्रत्येक की अपनी निजी निधि है। यहाँ किसी को किसी से मतलब नहीं। सब अपने-अपने में मग्न हैं। ट्रेन में, बाज़ार में, समुद्र तटों पर, यह स्वाभाविक उन्मुक्तता बड़े सहज रूप में दिखाई देती है।

पहले हफ़्ते यह अनुभव नया लगा था, लेकिन अब नहीं। सहजता जिसके हम अभ्यस्त हैं, जब वह नहीं दिखाई देती तो पहले तो कुतूहल होता है, लेकिन फिर वह शान्त भी हो जाता है। इसलिए कि अपने से भिन्न सहजता यदि वास्तव में सहज है तो फिर उसे मानस आत्मसात कर लेता है।

इसलिए सिडनी में गुज़रा पहला हफ़्ता ज़रूर उत्सुकता जगाता रहा, लेकिन अब सब कुछ शान्त हो गया है। अब घर से बाहर जाने का मन नहीं करता। घर के सामने एक बड़ा-सा मकान है, सौ बरस से ज़्यादा पुराना। वही पुराना ब्रिटिश

स्थापत्य है। धुआँ, घर के बाहर निकल जाये इसलिए एक सुन्दर सी चौकोर पुरानी चिमनी है और उसके ठीक बाजू में एंटिना। यह एंटिना दो सदियों के बीच की अन्तरिखा है। इस बड़े से मकान के चारों ओर हरियाली है, सुन्दर लॉन, गमले, सदाबहार तरह-तरह के रंगों वाले फूल, मन को मोहते रहते हैं और मैं एकटक उनकी ओर निहारा करता हूँ। नवम्बर में यहाँ गर्मियाँ शुरू हो जाती हैं। गर्मियों का यह मौसम बड़ा विचित्र है। भारत की तरह पारा बहुत ऊपर नहीं चढ़ता। 35 डिग्री के आसपास रहता है, लेकिन धूप तीखी होती है। ओजोन परत के फट जाने के कारण, और इस महाद्वीप के दक्षिणी ध्रुव से निकट होने के कारण धूप चुभती है। पसीना नहीं निकलता मगर मौसम अचानक बदलता रहता है। कभी अचानक बादल घिर आते हैं, गड़गड़ाहट होने लगती है और फुहारों से सड़कें भींगने लगती हैं, फिर थोड़ी देर में धूप निकल आती है। यह मौसम बैचेन नहीं करता।

यह निबन्ध जब मैंने शुरू किया तो तीखी धूप बिछी हुई थी, सड़कों पर और एक पैरा ख़त्म करते-करते पानी की चादर बिछ गयी है, बादल गड़गड़ाने लगे हैं। यहाँ धूप में अंग्रेज़ छाता लगाये घूमते हैं और बदन पर क्रीम मलकर समुद्री तटों पर लेटे रहते हैं छाता लगाये। सुबह जल्दी हो जाती है और उजाला रात के आठ साढ़े आठ तक बना रहता है। सप्ताहान्त की राह बेसब्री से देखी जाती है। शुक्रवार को पाँच कब बजे इसकी सभी बाट जोहते हैं। शनिवार और रविवार के दिन पूरी तरह निजी होते हैं। लोग जंगलों की ओर निकल जाते हैं या देर रात तक पब्स में बैठे रहते हैं। किंग्स क्रॉस का इलाक़ा जो वस्त्रहीन नृत्यों के लिए मशहूर है, गुंजार हो जाता है। यहाँ का आम आस्ट्रेलियन खाने-पीने और मौज-मस्ती में रुचि रखता है। सप्ताह के अन्त में सबकुछ समाप्त और अगले सप्ताह फिर नये सिरे से शुरुआत।

सामने के घर में रहने वाले शायद दुकान लगाते हैं। एक टैक्सी भी खड़ी दिखाई देती है। शायद दो परिवार रहते हैं। गाड़ी में पति-पत्नी सामान लाद रहे हैं, थोड़ी ही देर में वे अपने गन्तव्य की ओर रवाना हो जायेंगे। टैक्सी भी सुबह निकल जाती है और रात आठ बजे लौट आती है। यहाँ निठल्ला कोई नहीं बैठता, बच्चे अठारह वर्ष की उम्र तक अपने माता-पिता पर आश्रित रहते हैं, फिर स्वयं कमाने लगते हैं और अपना अलग घर बसा लेते हैं। साठ-पैंसठ वर्ष की आयु वाले वृद्ध अमूमन नर्सिंग होम्स में चले जाते हैं। यहाँ सब अपनी-अपनी निजी ज़िन्दगी में दख़ल नहीं चाहते, न ख़ुद करते हैं न कोई करे यह पसन्द करते हैं। पड़ोसी भी एक-दूसरे को जानते-पहचानते तक नहीं। सोमवार से शुक्रवार तक सब काम में लगे रहते हैं, पूरी लगन के साथ और शनिवार, रविवार उनके अपने होते हैं।

मैं सोमवार से शुक्रवार तक इस हफ़्ते घर पर ही रहा हूँ। कुछेक अपवादों को छोड़कर जब सिडनी यूनिवर्सिटी गया और दो दिन नेशनल गैलेरी ऑफ़ ऑस्ट्रेलिया की सहायक संग्राहक कु. ब्रॉनविन के साथ घर में भारतीय लघुचित्रों के बारे में चर्चा करता रहा। सिडनी विश्वविद्यालय के इतिहास विभाग के प्राध्यापक, प्रख्यात कलाविद जिम मॉसेलस से मिला, वहाँ चर्चा की तथा न्यू साउथ वेल्स के संग्रहालय जाकर, वहाँ की प्रभारी कु. हेमा साइवासन के साथ भारतीय लघुचित्र देखे और चर्चा की। घर पर बैठे अब कैनबरा में व्याख्यान देने की तैयारी में लगा हूँ।

सोचता रहा हूँ कि अपने देश से इतनी दूर आकर सोमवार से शुक्रवार तक के इस सन्नाटे से क्या सबक लूँ?

यह सन्नाटा भवानी भाई के सतपुड़ा के घने जंगलों की याद नहीं दिलाता, न ही अज्ञेय के सन्नाटे की याद दिलाता है। यह शोर के बीच से उपजा सन्नाटा है। यह अपनी-अपनी निजता के बीच से फूटा हुआ सन्नाटा है। यह ऐसा सन्नाटा है, जो ऐसे स्वरों के बीच से जन्मता है, जिनके एक-दूसरे से कोई रिश्ते नहीं होते। हमारे यहाँ सूनेपन और सन्नाटे के मायने अलग-अलग हैं। सूनापन शोर के बीच भी होता है और सन्नाटा शोरहीन होता है, लेकिन यहाँ सूनापन ही सूनापन है। यहाँ का सन्नाटा शोर के बीच है।

इस सन्नाटे के बीच लिखते हुए लगता है जैसे आप सिर्फ़ अपने स्पन्दनों को सुनते-सुनते इस सन्नाटे के बीच कुछ खोजने की कोशिश में लगे हों। यहाँ का सन्नाटा कुछ खोज लेने को प्रेरित करता है। यह खोज लेने की छटपटाहट प्रेरित करती है कि इन अजनबी लोगों के मन में झाँकने की कोशिश करो। इनके मन में झाँक लेना बड़ा मुश्किल है। ये लोग अपने-अपने निजस्व से इतना प्यार करते हैं कि उसे किसी को सौंपने को तैयार नहीं होते। 'प्राइवेसी' के मामले में बहुत जागरूक हैं। कौन कहाँ काम कर रहा है? किसका घर कहाँ है? उसके घर का टेलीफ़ोन नम्बर क्या है? ये सारी बातें नितान्त गोपनीय होती हैं। बैंक के बारे में या किसी के हिसाब के बारे में जानकारी लेने की कोशिश करना असभ्यता है। लोग अपने घर के टेलीफ़ोन नम्बर नहीं देते, पते नहीं देते। किसी के व्यक्तिगत जीवन के बारे में जानकारी लेना बेहद मुश्किल है। फिर भी जो लोग मिले, जिनसे बातचीत की, उनसे बातचीत कर लगा जैसे वे भी हमारी ही तरह के सुखी और दुःखी लोग हैं। हमारे यहाँ की परिस्थितियों के मुताबिक सुख और दुःख की अपनी प्रकृति होती है। हमारे संस्कार सुख और दुःख की परिभाषाएँ गढ़ते हैं, लेकिन यहाँ की परिस्थितियाँ भिन्न हैं, संस्कार भिन्न हैं। यह अधुनातन शहर है। सारी सुविधाओं से सम्पन्न। यहाँ सुविधाएँ ही व्यक्ति की जीवन शैली को ढालती हैं। यहाँ सुविधाओं के लिहाज से

सुख और दु:ख हैं जबकि हमारे यहाँ सुख और दु:ख को परिभाषित करने के लिए सुविधाएँ एकमात्र मानक नहीं हैं। सुख और दु:ख को परिभाषित करने के लिए लम्बे और चौड़े मानवीय धरातल भी हैं। यहाँ लोगों को टटोलने पर लगा कि वे भी कहीं इन्हीं धरातलों पर अपने सुख और दु:ख को अनुभव करते हैं।

सबसे बड़ा दु:ख है दाम्पत्य की असमय टूटन। यह टूटन बहुत अधिक है और इसके अधिक होने का मुख्य कारण बहुत छोटी-छोटी बातों पर होने वाली तकरार है। इसका बड़ा कारण है नैसर्गिक खुलापन, जो आकर्षण जन्मता है और फिर यह आकर्षण उम्र के बन्धन नहीं देखता, बच्चे कितने बड़े हो गये, यह नहीं देखता, कोई क्या सोचेगा इसकी फ़िक्र नहीं पालता। यहाँ आम तौर पर माना जाता है कि जीने की उम्र चालीस बरस के बाद शुरू होती है। हमारे देश की तरह आश्रम व्यवस्था नहीं है इसलिए यहाँ वानप्रस्थी मन नहीं होते। दैहिक आकर्षण का भाव जो संस्कारगत दबाव के कारण हमारे देश में मुखर नहीं होता वह यहाँ सहजता से मुखर है। पसन्द के तत्परता के साथ बदलने के पीछे भी यही भाव है, फिर उपयोग और भोग। उपभोग की जाने वाली वस्तुओं की इफ़रात है और भोग के लिए सब कुछ सुगमता के साथ उपलब्ध है। यह दैनिक चर्या का अंग है। भोग के चरम पर पहुँचने के कारण और उपभोग की आदत ने मानसिकता पर गहरा प्रभाव डाला है, जिसकी परिणति है टूटन। यहाँ संयुक्त परिवार जैसी कोई संस्था ही नहीं है। बच्चे के अठारह बरस के होते ही वह परिवार से अलग हो जाता है। यही एक बड़ा कारण है कि यहाँ भावाकुलता का अभाव है। ऐसी भावाकुलता का जो रिश्तों को मज़बूती से जोड़ती है। यहाँ रिश्ते तो हैं लेकिन वे ऐसी संवेदनशीलता की रस्सी से बन्धे हैं जो बार-बार टूटती है और इसे जोड़ने के जतन नहीं होते। यह टूटी हुई रस्सी अपने पहले सिरे से जुड़ने का यत्न नहीं करती। नये सिरे ढूँढ़ती है। नये सिरों से जुड़ती है, फिर टूटती है। टूटने के इस अन्तहीन सिलसिले को यहाँ चारों ओर देखा जा सकता है।

यह टूटन दाम्पत्य तक ही सीमित नहीं है, बच्चों के बीच भी है। वे जब यह टूटन देखते हैं, तो ख़ुद भी अन्दर से टूट जाते हैं। एक लड़का है माइकेल, उसकी माँ उसे जन्म देने के कुछ वर्षों बाद अनाथ छोड़ कर कहीं और चली गयी, पिता कहीं और। वह अनाथालय में पला-बढ़ा। अठारह बरस के बाद नौकरी लगी तब उसने अपनी माँ की तलाश शुरू की, उसे माँ मिली सुदूर आस्ट्रेलिया के अंचल में। दोनों मिले तो दोनों एक दूसरे के लिए अजनबी थे। माँ के ममत्व का स्रोत सूख चुका था। माँ और बेटे के बीच का अन्तराल बहुत लम्बा हो गया था। स्मृतियाँ, स्नेह, सबकुछ इस अन्तराल में जाने कहाँ गुम हो गये थे। माइकेल की उत्सुकता शान्त हो गयी। वह लौट आया। उसे अब किसी की याद नहीं आती।

एक और मार्मिक उदाहरण सामने आया। सत्तर के दशक में एक भारतीय जोड़ा यहाँ आया। जाने कितने अरमान सँजोये। लड़का डॉक्टर था। उसने यहाँ परिश्रम किया, एक क्लीनिक खोला, जिसे यहाँ सर्जरी कहते हैं। उसने अपनी सेक्रेटरी के बतौर एक विदेशी महिला को नौकरी में रखा। सर्जरी का नाम अपने बड़े बेटे के नाम पर रखा। यहाँ के आकर्षण का प्रभाव कि अपनी भारतीय पत्नी से तलाक लिया, उस विदेशी सेक्रेटरी ने अपने पति से तलाक लिया। दोनों के दो-दो बच्चे थे। डॉक्टर और उसकी सेक्रेटरी ने ब्याह कर लिया। डॉक्टर के बच्चे अपनी माँ के पास रह गये और विदेशी महिला के बच्चे उसी के साथ रहे। फिर शुरू हुआ लिप्सा का सिलसिला। महलनुमा मकान ख़रीदा, बैंक से कर्ज़ लेकर एक और भव्य सर्जरी खोली। सर्जरी नहीं चली, बैंक का ब्याज बढ़ता रहा, साथ ही बढ़ता रहा तनाव और इसी तनाव के कारण एक दिन कार एक्सीडेंट में डॉक्टर की जान चली गयी। यहाँ मैंने उस बन्द सर्जरी को देखा जिस पर बड़े बच्चे का नाम लिखा है, पता लगा बड़ा लड़का, जिसके नाम से सर्जरी है वह भी डॉक्टर हो गया है, लेकिन जिस सर्जरी पर उसका नाम है, उस सर्जरी पर उसका कोई हक़ नहीं। वह कहीं सरकारी अस्पताल में नौकरी करता है। ऐसे जाने कितने उदाहरण हैं। यहाँ रिश्ते निबाहे नहीं जाते।

रिश्ते निभ जाना अलग है और निबाह लेना अलग। भारत में रिश्ते निबाह लेने की विलक्षण सहिष्णुता है, जो यहाँ बिल्कुल नहीं है। इसी सहिष्णुता का अभाव बार-बार टूटन को जन्म देता है। यह सहिष्णुता जो हमें संस्कारगत मिली है और विपरीत परिस्थितियों के दबावों के बावजूद क़ायम रहती है, हमारी विलक्षण धरोहर है।

इस सहिष्णुता को पुरातनपन्थी कट्टरता नहीं कहा जा सकता, यह हमारी मूल्यगत विशिष्टता है। औपचारिकता यहाँ की सभ्यता है। एक दूसरे से मिलना नितान्त औपचारिक होता है। किसी के यहाँ बिना पूर्व सूचना दिये तथा बिना समय तय किये पहुँचा नहीं जा सकता। सभी के अपने-अपने समय पूर्व निर्धारित रहते हैं। यहाँ सारा कार्य ई-मेल और टेलीफ़ोन से ही हो जाता है, व्यक्तिगत तौर पर पहुँचकर मिलना कतई ज़रूरी नहीं। हमारे देश के महानगरों के उच्चवर्गीय समाज में यह औपचारिकता स्पष्ट रूप से प्रविष्ट होती दिखाई देती है।

निश्चित ही बहुत-सी औपचारिकताएँ इनकी आवश्यकताएँ हैं लेकिन संस्कारगत औपचारिकताओं ने एक अनौपचारिकता भी जन्मी है। यह अनौपचारिकता उनके व्यवहार में झलकती है। वे छोटे-बड़े का भेद नहीं पालते। पहले नाम से किया गया सम्बोधन ही प्रिय है। सर, मैडम जैसे सम्बोधन प्रचलित नहीं हैं। यहाँ चाहे कोई कितना भी बड़ा और सम्पन्न हो, वह बड़े अनौपचारिक रूप से मिलता है। प्रत्येक प्रकार का कार्य सम्मानजनक है। किसी कार्य को हेय दृष्टि से नहीं देखा जाता। कार्य

की बड़ी महत्ता है। पैसे घण्टों के हिसाब से लिए जाते हैं। भुगतान साप्ताहिक होता है। व्यवहार में बड़ी पारदर्शिता है और यह माना जाता है कि जो व्यक्ति बोल रहा है वह सच बोल रहा है। साफ़गोई का कोई बुरा नहीं मानता। दम्भ या अहं नाम की कोई चीज़ नहीं है। फैक्ट्री का मालिक और उस फैक्ट्री में कार्य करने वाला कोई भी श्रमिक व्यवहार के स्तर पर समान है। उन्हें आपस में बात करते देखकर उनके आपसी रिश्तों का अहसास तक नहीं होता। मालिक भी फैक्ट्री की मशीनें मज़दूरों के साथ साफ़ करता है और उन्हीं के साथ लंच भी करता है। वह यदि कार्यरत श्रमिकों के बीच आकस्मिक रूप से आ जाये तो भी कोई खड़ा तक नहीं हेाता, सभी अपने-अपने कार्य में लगे रहते हैं क्योंकि क़ीमत समय की है। चाटुकारिता दूर-दूर तक दिखाई नहीं देती। एक-दूसरे के प्रति सम्मान का भाव बराबर बना रहता है। यह स्वाभविक और दम्भहीन, अनौपचारिक व्यवहार बहुत मोहता है।

इन दिनों जब मैं आया हूँ, तब क्रिसमस मनाने की तैयारियाँ शुरू हो गयी हैं। यहाँ बने बनाये घर मिलते हैं जिन्हें 'कैरावॉन' कहा जाता है। लोग इन घरों को अपनी गाड़ी के पीछे बाँधकर जंगल की ओर निकल जायेंगे, वहाँ अस्थायी बिजली का कनेक्शन लेंगे और दो-तीन घण्टों में आरामदेह घर बन जायेगा। इस घर में वे जंगल के एकान्त में अपनी छुट्टियाँ बितायेंगे। अभी सभी बाज़ारों में रौनक है। लोग ख़रीदारी में लगे हैं। यों दुकानें शाम को पाँच बजे बन्द हो जाती हैं लेकिन इन दिनों कुछ देर तक खुली रहती हैं।

इस अजनबी और अपरिचित से माहौल में धीरे-धीरे घुल रहा हूँ, कोशिश कर रहा हूँ इस देश की धड़कनों को क़रीब से सुन सकूँ, लेकिन मेरे आसपास फैला सन्नाटा मुझमें कुतूहल जगा देता है और फिर यह कुतूहल शान्त हो जाता है।

जीवन शैली में मूलभूत अन्तर स्पष्ट है। सम्पन्नता और सुविधा ने सोच को ही तरह कुछ इस तरह ढाल लिया है कि लोग जीने के खुलेपन में विश्वास करते हैं। ऐसा भी नहीं है कि यह खुलापन निरे भोग और भौतिक सुविधाओं के उपभोग तक ही सिमट कर रह गया हो। ये आत्मिक ऊर्जा में भी विश्वास रखते हैं और हारबर ब्रिज के निर्माता का यह वाक्य जो हार्बर ब्रिज पर चढ़ते एक दीवार पर अंकित है, सहज ही इस तथ्य की पुष्टि करता है। उसने कहा था कि यह पुल केवल मानवीय परिश्रम की ही नहीं, बल्कि उस आत्मिक ऊर्जा की परिणति है, जो मानवीय श्रम को परिचालित करती रही।

आज जब संसार की दूरियाँ संचार माध्यमों की क्रान्ति के कारण सिमट रही हैं और एक-दूसरे के जातीय प्रभावों से विश्व का प्रत्येक देश प्रभावित हो रहा है, यह

ज़रूरी हो गया है कि मानसिक जड़ता टूटे और परिवर्तन की आकांक्षा सबल हो सके। यही आकांक्षा हमारे देश के भविष्य को सँवारेगी।

सन्नाटे की परिभाषा बदलनी चाहिए। सन्नाटे रचते भी हैं, गढ़ते भी हैं, ऐसा कुतूहल भी जगाते हैं जो बड़ा प्रेरक होता है।

सिडनी की गर्मियों में साँझ बड़ी लम्बी होती है। रात के 9 बजे तक उजाला बना रहता है। इसी उजाले में बैठकर यही सोच रहा हूँ कि मैं जिसे थमा हुआ समय समझ रहा हूँ वह वास्तव में थमा हुआ नहीं है, गतिशील है। उसकी गति को आत्मसात् कर यात्रा आगे कैसे बढ़ती रहे, यह जतन कर लूँ।

यात्रा का आगे बढ़ना सन्नाटे में समायी रचनात्मक प्रेरणा का सच्चा पयार्य है।

●●

नन्हे पारस के नाम!

जाने कितनी कहानियाँ सुनी हैं पारस पत्थर की। दादी अभी भी बतलाती है कि बद्रीविशाल के आसपास के हिमालयी अंचल में चरवाहे अपनी बकरियों के खुरों में लोहा ठुकवा देते हैं। सौ बकरियाँ चरने जाती हों तो उनमें से एकाध बकरी के खुर में लगा लोहा, सोना हो जाया करता है। कोई बतलाता है कि किसी कुएँ में लोहे की साँकल डाली तो वह सोने की हो गयी।

कभी सुना था कि किसी राजा ने हाथियों के पाँवों में लोहे की ज़ंजीरें बँधवा कर उन्हें पुराने तालाब में घुमाया तो एक हाथी के पाँव की ज़ंजीर सोने की हो गयी। एक कथा यह है भी है कि गोरखनाथ को एक महात्मा ने पारस पत्थर दिया तो उन्होंने उसे बिना किसी मोह के तत्काल नदी में फेंक दिया। इस पारस के मोह से जाने कितनी कथा किंवदन्तियाँ मोह और निर्मोह की जुड़ी हैं। पारस हमारे संस्कारों में रचा-बसा बड़ा जिज्ञासापरक मिथक है।

पारस के स्पर्श की चाहत ने युगों-युगों से जाने कितनी कहानियाँ रच डालीं लेकिन पारस न तो आज तक कोई देख पाया, न ही उसके स्पर्श से सोना बना पाया। पारस की कथाएँ और उसका आकर्षण यदि ज़िन्दा है, सदियों से आज तक तो उसका कारण सिर्फ़ इतना है कि वह मानव के मोहपाश कितने मज़बूत हैं, इसकी पुष्टि करता है। धातु तो लोहा भी है और सोना भी, लेकिन लोहे की बहुलता, उसका कम भौतिक मूल्य और उसके दमकते आभूषणों के रूप में न ढल पाने की विवशता, पारस पाने के मोह को जन्मती रही है। लोहा रक्षक है, ढाल हो, तलवार हो, मज़बूत बुर्ज़ हों, मोटे दरवाज़े जों, ये सब रक्षा करते हैं और सोने के दमकदार आभूषण तो जीवन के लिए जोखिम बन जाते हैं, फिर भी लोहा कभी स्वीकार्य नहीं रहा। मानवीय लालसा तो यही रही कि यह लोहा सोने में बदल कैसे जाये? इसी लालसा ने पारस की कल्पना को जन्म दे दिया।

लेकिन पारस की कल्पना का तो यह एकांगी पक्ष है। लगता तो यह है कि जब कभी हमारे आदि पुरुष ने सच्चे रस को पा लिया होगा तो उसने आह्वान किया

होगा कि यही रस सब पा लें और उसने पूरे लोक से कहा होगा पा रस। रस सभी पायें, यही आह्वान पारस का निहितार्थ है। मगर वह रस जिसे अन्दर खोज कर पा लेना था, वह बाह्य रस की प्राप्ति की आकांक्षा बन गया और रस का रूप पत्थर में बदल गया। अन्दर का यह रस पा लेने वाले इतिहास में जितने हैं, वे सब पारस हैं और आज भी जिन्होंने अन्दर का यह रस खोज लिया है, चाहे वे कोई हों, समाज के किसी भी वर्ग या स्तर के हों, वे भी पारस हैं।

यह क्या है अन्दर का रस? यह अन्दर का रस अपनी निजता को खोकर, समग्रता में समा जाने वाली आकुलता है, यह वह है जो सारे विभेदों की सीमाओं का अतिक्रमण कर ऐसे धरातल की खोज करता है, जहाँ स्नेह की स्निग्ध धाराएँ चारों ओर से गिरकर इस धरातल को प्रेम का फेनिल कुण्ड बना देती हैं और मनुष्य नेह का आगार बन जाता है, यह वह रस है जो तमाम आवरणों को हटाकर उस पारदर्शिता को पाना चाहता है जो स्फटिक की तरह ऐसी हो कि जिसके आर-पार निश्छलता की कान्ति को तृप्त आँखों से निहारा जा सके और यह रस ऐसा है जो आम्र बौरों के रूप में जन्म लेकर पके आमों के रूप में रस से भरपूर हो फल जाना चाहता है। यही रस अन्दर का रस है जो बाहर पत्थर बनने के लिए कभी व्याकुल होकर आना ही नहीं चाहता। जो बाहर का रस है वह तो बड़ी तत्परता से पारस में परिवर्तित होना चाहेगा लेकिन अन्दर का रस कभी अपनी तरलता से बिछुड़ना नहीं चाहता। इसलिए पारस तो अन्दर का तरल रस है, पत्थर के रूप में कोई काल्पनिक मिथक नहीं। हमारे आसपास ऐसे जाने कितने आकुल मन, प्रेम के कुण्ड, कान्तिमय निश्छल स्फटिक और पके हुए रस भरे आम की तरह मनुष्य बिखरे हैं लेकिन वे पहचाने नहीं जाते।

उन्हें मित्र कहूँ, अग्रज कहूँ या सिर्फ़ एक पारस, वे अचानक नहीं रहे। समाज के बीच उनकी हैसियत एक पान वाले की थी। नन्हे पान वाले। छोटे से कस्बेनुमा शहर के बीचोबीच खड़े घण्टाघर के पास उनकी छोटी-सी पान की दुकान थी। उस दुकान के ऊपर टेढे-मेढ़े अक्षरों में नानक का दोहा लिखा था :

नानक नन्हे बने रहो, जैसे नन्ही दूब
हरी घास जल जायेगी दूब ख़ूब की ख़ूब

ख़ासियत यह थी कि उधार पान खाने वाले को भी उतने ही प्रेम से पान खिलाते थे, जितने प्रेम से नगद पैसे देने वाले को। उधारी का पान खाने वाले ज़्यादा थे। कोई हिसाब नहीं रखा। माह के अन्त में जिसने जो दे दिया, रख लिया, नहीं दिया तो माँगा नहीं, याद रहता तो माँगते भी, गोल साँवला चेहरा, सिर पर गोल काली टोपी,

सफ़ेद क़मीज़ और सफ़ेद पायजामा। कत्थे से सने हाथ और हमेशा चेहरे पर खेलती मुस्कान उनकी पहचान थे। बचपन में पिता जी के साथ जाता तो छोटा सा सुहागपुरी पान ढेर सारे मसाले और गुलकन्द डालकर खिलाते, बी.ए. में पढ़ने लगा तो कॉलेज से लौटते वक़्त आवाज़ देकर बुला लेते और बढ़िया पान खिला देते, बाहर पढ़ने गया तो जब कभी छुट्टियों में आता, रात को भोजन करने के बाद निकलता तो दुकान की तरफ़ क़दम बढ़ जाते, बड़े प्यार से बतियाते-बतियाते पान बनाया जाता, मैं भी खाता, मेरे दोस्त भी। जेब में पैसे नहीं होते तो संकोच होता लेकिन नन्हे भैया को संकोच नहीं था। हठ के साथ पान खिलाना उनकी आदत थी। दशहरे पर ख़ासतौर पर तीन-चार पान बाँध भी देते, इस लिहाज़ में कि सबसे मिलने जाना होगा तो रास्ते में पान निकालकर ज़रूर खाना।

शादी हुई तो ख़ुशी की हद नहीं। पहली बार आधा घण्टा लगा पान बनाने में। ख़ास क़िस्म के बड़े-बड़े सुहागपुरी गुझिया पान। गुझिया की तरह उन्होंने पान के बीड़े में एक-एक गोंठ लगायी। जाने कितने मसाले डाले। बरक नहीं था दुकान पर तो बाजू वाले से चुपचाप पैसे लिये और बरक ख़रीद लाये, एक पान अपने हाथ से खिलाया और बहुत सहेजकर दो पान मुस्कराते हुए बाँध कर दे दिये। कुछ दिन अपने घर रहा फिर छुट्टी ख़त्म होते नौकरी पर महानगर में आ गया। जितने दिन घर रहा, हमेशा गुझिया पान। किसी दिन दुकान तरफ़ से नहीं निकला तो घर लौटते लौटते छोटे भाई को गुझिया पान की पुड़िया थमा गये।

एक बार घर लौटा तो देखा कि दुकान ग़ायब है। पता लगा अतिक्रमण हटाने की मुहिम चली थी इसलिए दुकान हटा दी गयी। उनके आजू-बाजू वाले दुकानदार कुछेक दिनों तक तो अदृश्य रहे फिर उन्होंने नन्हे की दुकान वाले स्थान पर भी कब्ज़ा कर लिया। मैं खोजते-खोजते उनके घर पहुँचा, जिसे घर के बजाय खोली कहें तो ज़्यादा बेहतर, देखा कि एक कोने में कुछ पान रखे हैं और कुछ दीगर चीज़ें बच्चों की, टॉफी, फुग्गे, पतंग। लेकिन चेहरे की मुस्कराहट ज्यों की त्यों।

नौकरी करते करते पदोन्नति हुई, बड़े पद पर पहुँच गया। व्यस्तता के कारण घर आना जाना कम होने लगा, लेकिन जब भी कोई आता तो नन्हे के हाल ज़रूर पूछता। लोग बताते कि बच्ची बड़ी हो गयी, लड़का पढ़ता नहीं। कुछ कमाया नहीं। बड़ी ख़राब हालत है। दुकान के नाम पर कुछ नहीं, पुश्तैनी घर बेच दिया और शहर के बाहर एक सोया प्लांट के सामने झोंपड़ीनुमा जगह में परिवार भी रहता है और वहीं थोड़ा बहुत सामान रखे बैठता है। मन बेहद उन्मन हुआ। किसी तरह एक दिन के लिए घर गया। नन्हे भाई से मिलने गया। कार से उतरा तो देखकर गले लगा लिया। वही मुस्कान। मैं ज़िद करके अपने साथ लाया। वहाँ से दुकान का सामान

दिलवाया। बच्चे को हिदायत दी कि अच्छी तरह दुकान सँभाल लेना। यह सामान जब बिक जाये तो फिर उस पैसे से और सामान यहाँ आकर ले जाना। दो माह बाद ही दोनों बाप-बेटे फिर अचानक मेरे ऑफ़िस में आये। चपरासी ने घुसने नहीं दिया। कमरे से बाहर निकला तो टूटी बेंच पर दोनों बैठे हुए। बोले अच्छा नहीं लगा भइया इतने बड़े साहब के कमरे में कैसे जायें। कमरे के अन्दर लाया तो वे सिर झुकाये बैठे थे और बच्चा बता रहा था कि सब सामान उधारी में बेच दिया किसी ने पैसे लौटाये नहीं। बहिन की सगाई कर दी। एक माह बाद शादी है। मैंने फिर व्यवस्था कराकर भेजा। किसी तरह बच्ची की शादी निपटी और घर का रहा सहा सामान भी बिक गया। प्लांट में ही नौकरी करने लगे। बच्चे की भी शादी हो गयी। उसकी गृहस्थी अलग बस गयी। अब रही झोपड़ी, नन्हे, और किसी तरह उनको सँभालती उनकी भोली-भाली पत्नी। बहुत कोशिश की कि कुछ सँभल जायें लेकिन नहीं। मेरे परिवार में जितनी शादियाँ हुईं उनमें ठाठ से पान का स्टाल लगाया और सारे पान एक रात में आगन्तुकों को खिला दिये, गुटके बाँट दिये और जब सब चले गये तो जो कुछ बचा रहा तो खाया, नहीं बचा तो मुस्कराते किसी से बिना मिले अपना पटिया उठाकर चले गये।

मैं जब भी दीपावली पर घर जाता तो शहर के बाहर सोया प्लांट के सामने ज़रूर रुकता जाता। मिलता, बतियाता, समझाता कुछ रुपये देने की कोशिश करता तो साफ़ इनकार। कहते कि भइया बेटी-बेटे पुराने जन्म का कर्ज़ थे इसलिए जब तुमने सामान दिलाया, मदद की तो ले ली और वह कर्ज़ उतार दिया, अब तुम्हारा कर्ज़ हो गया है, अगले जनम में ही उतरेगा। बेतकल्लुफी से ठहाका लगाते, ज़्यादा ज़िद करता तो बिगड़ पड़ते, फिर बड़े प्यार से शक्कर और नीबू डालकर शर्बत पिलाते। परिवार साथ होता तो लोटे में शर्बत बनाकर पीतल के गिलास में डाल-डाल कर बच्चों को पिलाते और मुस्कराते ही रहते, जब तक गाड़ी उनकी आँखों से ओझल नहीं हो जाती।

कल ही घर से परिवार छुट्टी बिताकर लौटा है। पत्नी ने बताया नन्हे भैया नहीं रहे। सड़क पर चलते-चलते बेहोश होकर गिर पड़े, अस्पताल ले गये तो वहाँ बताया हार्टफेल हो गया है। उनके मानस में जाने कब से डेरा जमाये तनाव जीत गये, मुस्कान हार गयी। बार-बार याद आ रही है नन्हे की। मानस के अथाह सागर के बीच से अचानक यादों का एक सघन द्वीप उभर आया है। बरसों पहले जहाँ उनकी छोटी-सी पान की दुकान हुआ करती थी, वहाँ आज एक सजी धजी दुकान है, वह अतिक्रमण की ज़द से बाहर है। क्यों है? शायद अतिक्रमण करने के नियम बदल दिये गये हों। शहर के पचहत्तर फ़ीसदी लोगों के ओठ, जिसके लगाये पान की लाली से दमकते रहे, उसे किस तरह अँधेरा निगलता चला गया, उसे सब जानते

रहे, उसकी दुकान से खाये उधार पानों की क़ीमत तो उस पारस ने कभी याद नहीं रखी लेकिन इन पत्थर के पारसों ने भी उस क़ीमत को चुकाना तो दूर उसे पहचान लेना भी ज़रूरी नहीं समझा। क़ीमत दुकान की थी, उस जगह की थी, नन्हे की नहीं थी। नन्हे की दुकान हटी तो दूसरी दुकान ढूँढ़ ली। नन्हे की क़ीमत होती तो शहर के बीचोबीच बसी छोटी-सी दुकान, शहर के बाहर के एक सुनसान कोने में, फूस की झोंपड़ी में तब्दील नहीं होती, इस पारस ने अतिक्रमण का भी सदैव के लिए अतिक्रमण कर दिया।

नन्हे सरीख़े पारस ही सच्चे पारस हैं, जो अपने अन्दर छिपे स्नेह, निच्छलता और पारदर्शिता के रस को अपनी देह की हर शिरा में सदैव बहने देते हैं और भले पण्डाल में बैठकर कोई आह्वान न करें, उनका आचरण ही अन्दर के रस को पा लेने का आह्वान होता है।

नन्हे तो मेरे जीवन में एक आया, हमारे आसपास ऐसे जाने कितने पारस बिखरे हैं, जिनका स्पर्श कहीं हमें कान्तिमय कुन्दन बना सकता है। सवाल सिर्फ़ यही है कि हम इस स्पर्श को क्यों अनुभव नहीं करते?

कबीर ने सदियों पहले कहा था–

तू पी ले अमीरस धारा गगन में झड़ी लगी।

कबीर का संकेत ऐसे ही रस पुत्र बन जाने का आह्वान था। अमीरस तो झर रहा है, उसे देखो, उसके स्वाद को चखो और इस रस को चखकर पारस हो जाओ, लेकिन न तो छै सौ बरस पहले कोई कबीर जैसे पारस को पहचान पाया न छै तो बरस बाद नन्हे को।

पत्थर के स्पर्श से सोना बना लेने की अतृप्त आकांक्षा यही साबित करती है कि कहीं अभी तक पत्थर में वह तलाशा जा रहा है, जिसकी तलाश का कोई फल नहीं है। पत्थर तलाशे जाने के लिए नहीं होते वे तराशे जाने के लिए होते हैं और तलाशने के लिए तरलता होती है, अन्दर की वह तरलता जो रस को समेटे रहती है, फिर इसे समाज को बाँटती ही रहती है, जो पत्थर नहीं तराशे जाते वे जीवन्त नहीं जड़ बने रहते हैं और जिस मनुष्य के अन्दर की तरलता अपने को बाँटती नहीं वह मनुष्य भी सोया हुआ मनुष्य है। सोये मनुष्य और जड़ पाषाण में कोई अन्तर नहीं होता।

यह कब समझ में आयेगा कि जड़ पत्थर और जाग्रत मनुष्य में क्या फ़र्क़ है? स्पर्श किसका फलित होता है? जब फ़र्क़ समझ में आयेगा तब किसी नन्हे की दुकान अतिक्रमण के दायरे में नहीं आयेगी और कोई नन्हे इस अतिक्रमण का अतिक्रमण भी असमय नहीं कर पायेगा।

●●

काँवरिये

सावन का पहला सोमवार आने को है। धरती की रंगत बदलने लगी। आसमान से झरती बूँदों से आपाद-मस्तक स्नान कर, हरे परिधान ओढ़ने का जतन करती यह धरती सँवार रही है अपने आपको। नदियों और तालाबों के पानी के पारदर्शी होने की परवाह किये बिना, बार-बार उनमें अपना प्रतिबिम्ब निहारने को आकुल होती रहती है।

इसी हरी धरती के बीचोबीच पगडण्डियाँ है, सड़कें हैं, रास्ते के नाम पर कुछ पथरीले पथ हैं जिन पर काफिला-सा चला आ रहा है। गेरुए वस्त्र, कन्धे पर काँवर जिसके दोनों ओर कलश हैं नर्मदा जल से भरे हुए। ये कलश भी ढँके हैं गेरुए वस्त्रों से। 'बोल बम' के अनवरत निनाद से पथ गूँज रहे हैं। ये काफिले बेतरतीब से हैं, इन्हें समूह नहीं कह सकते। कुछ लोग बहुत आगे हैं, कुछ बीच में, कुछ बहुत पीछे। ये लोग, इस सावन में सिर्फ़ लोग नहीं हैं, काँवरिये हैं। इनके कन्धों पर काँवर है, जिसके दोनों छोरों पर बँधे कलशों में ओंकारेश्वर के तट से नर्मदाजल भरकर अब ये अवन्तिका में महाकाल का जलाभिषेक करने चले आ रहे हैं।

हरी धरती के बीचोबीच गेरुए वस्त्रधारियों का यह समूह ऐसा लगता है जैसे धरती के ललाट पर चन्दन का वक्र तिलक लगा हो।

उज्जयनी में इन काँवरियों की कतारें-ही-कतारें दीख पड़ती हैं। ये केवल ओंकारेश्वर से ही नहीं आ रहे, पूरे देश से आ रहे हैं, पवित्र नदियों के जल से भगवान महाकाल का अभिषेक करने।

आस्था का यह सैलाब सावन में उमड़ पड़ा है।

इन काँवरियों को देखकर बरबस लगने लगता है कि इस देश में अभी तक एक विशाल जन-चेतना में यह भाव नहीं जागा कि आस्था के फल मिलते क्यों नहीं? इसका बड़ा कारण यह है कि यह निश्छल चेतना अपनी आस्था का मोल नहीं करती। वह फल चाहती ही नहीं। यह लोक-चेतना अभी भी अपने आपको फल-

प्राप्ति की इच्छापूर्ति से नहीं जोड़ पायी। वह सिर्फ़ कामना से जुड़ी है। कामना तो करती है पर फल-प्राप्ति हो ही इस आकांक्षा से उसका जुड़ाव नहीं है।

जाने कब से यह देश काँवरियों से भरपूर है। तरह-तरह के काँवरिये हैं जिनका वेष अलग-अलग है। महाकाल को जलाभिषिक्त करने जो काँवरिये सावन में चल पड़ते हैं उनकी निश्छल आस्था का अर्थ तो समझ में आता है लेकिन उन काँवरियों के समूहों का कोई अर्थ समझ नहीं आता जो कन्धों पर काँवर लटकाये अपने-अपने फलों की प्राप्ति की आकांक्षा में जाने कितनी निरर्थक यात्राएँ कर रहे हैं। इनके लिए हर माह सावन है और हर सोमवार, श्रावण सोमवार है। इन काँवरियों ने जाने कितनी पवित्र नदियों का जल उलीचकर उन्हें उथला बना दिया। कई छोटी नदियाँ सूख गयीं, तालाब बंजर हो गये, ये काँवरिये पोखरों तक का पानी उलीच लाये। इनके महाकाल उज्जयनी में नहीं हैं। वे राजधानियों में हैं, महानगरों में, बड़ी पीठों में या संस्थानों में हैं। देश के सारे गाँवों का जल वहाँ इकट्ठा होकर जाने कब से व्यर्थ बह रहा है और प्यास सारे देश की नियति बन कर रह गयी है। हरेक यदि अपने कन्धे देखे तो उसे लगेगा कि उसके कन्धों पर भी कोई काँवर है। काँवर के दोनों सिरों पर लटके कलशों में जल है, यह जल धन का है, बल का है, मोह का है। अपने-अपने निहित स्वार्थों के जल से भरे ये कलश हरेक ढो रहा है, अपनी आकांक्षा की पूर्ति के लिए हमारे कन्धे स्वतन्त्र नहीं हैं, उन पर काँवरों का भार है।

स्वतन्त्र कन्धे वाले काँवरविहीन व्यक्तित्व अब विलुप्त हो चले। काँवर का यह ढोना मजबूरी नहीं है, मजबूरी के रूप में इसे स्वीकार कर लिया है। स्वीकार कर लो तो फिर उसे निभाओ। इस निभा लेने के पीछे भी यही सोच है कि हमने काँवर ढोने के औचित्य को सिद्ध कर लिया।

स्वतन्त्र कन्धे तो उन लोगों के हैं जो परिश्रम कर अपनी पहचान बना लेते हैं, वे किसी भी तरह के जल से किसी को अभिषिक्त कर अपने निजी स्वार्थों की पूर्ति नहीं करना चाहते और इन्हीं लोगों की वजह से इस देश की पहचान अभी तक क़ायम है। ये परावलम्बी नहीं हैं। स्वतन्त्र कन्धों वाले ये लोग निरभिमानी हैं और इसी कारण वे स्वाभिमानी हैं। जो अपने आपको स्वाभिमानी कहने का दम्भ भरते हैं, वे सबसे ज़्यादा दीन, मजबूर और परावलम्बी हैं। वे जब अपने स्वाभिमान की बात करते हैं तो वह उनका स्वाभिमान नहीं होता थोथा दम्भ भर होता है।

इस अंचल में सावन के महीने में जो निश्छल आस्था से प्रेरित होकर नर्मदाजल कलश काँवरों पर लादे जो महाकाल तक आते हैं, उनके कन्धों पर काँवरें ज़रूर दीख पड़ें लेकिन वे स्वतन्त्र कन्धों वाले निरभिमानी लोग हैं। उन्हें परवाह नहीं कि

ज़माना क्या कहेगा? आस्था उनका सबसे बड़ा सम्बल है। मगर इस आस्था की यात्रा का विराम-स्थल जल्दी आ जाता है। इस आस्था की यात्रा का निरन्तर बने रहना कहीं उस विश्वास को भी जन्म दे सकता है जो संकल्पों के प्राण बने। आस्था का विश्वास में परिणत हो जाना ही काँवरिये की सबसे बड़ी सफलता है, लेकिन यह आस्था जलाभिषेक कर विराम पा जाती है।

कालिदास से बड़ा काँवरिया कौन होगा जिसने अपनी आस्था के जल से महाकाल को अभिषिक्त किया और यह विश्वास पैदा कर लिया अपने आप में कि फिर उनकी काव्य-यात्रा क्षिप्रा के तटों पर ही विराम नहीं पा गयी, इस विश्वास ने ऐसा कालजयी काव्य रचा जो इस देश के पोर-पोर को आख्यायित करता था। सदियों से विद्वान् यह नहीं जान पाये कि कालिदास इस देश की किस भूमि में जन्मे? वे ऐसे काँवरिये थे, जिन्होंने अपनी दृष्टि को इतना समग्र और व्यापक बनाया कि वह दृष्टि पूरे भारत की सांस्कृतिक अस्मिता की लोक दृष्टि बन गयी।

कालिदास ऐसे काँवरिये हैं जिनके कन्धे स्वतन्त्र हैं। आस्था, यदि काँवर को भार के रूप में सौंपती है तो इस आस्था से जन्मा विश्वास कन्धों को उस भार से मुक्त भी कर देता है। आस्था से भरपूर ये काँवरिये विश्वास से परिपूर्ण नहीं दिखते। जलाभिषेक पूरी आस्था और निष्ठा से करने के बाद वे अपनी यात्रा को विराम दे देते हैं। यदि यह यात्रा विराम न पाये और एक संकल्प के साथ फिर आगे बढ़े तो उस मानुष धर्म को सार्थकता मिले जिसका उद्घोष वैदिक ऋचाकार से लेकर विवेकानन्द तक ने किया।

बेचैनी कहाँ नहीं? चैन छीना भी, उसे छोड़ भी दिया। बिना बेचैन हुए लगता ही नहीं कि दिन स्वाभाविक तौर पर बीता है। सभी बेचैन हैं। मन में छटपटाहट है। इसलिए कि मन में कोई मूर्ति विश्वास की विराजी नहीं। विश्वास की मूर्ति यदि मन में प्रतिष्ठित हो जाती तो फिर कोई चिन्ता नहीं रहती। चिन्ता अपनी होती है, वह निजी होती है। चिन्ता मिट जाये तो फिर मन शहंशाह हो जाता है, जैसे कबीर का हुआ :

चाह मिटी, चिन्ता मिटी, मनुआ बेपरवाह।
जिनको कछु न चाहिए वे साहन के साह।।

इस चिन्ता से मुक्त होकर कबीर ने उस विश्वास को पा लिया जिसने उन्हें वह ताक़त दी कि वे अपने पूरे युग की विसंगतियों से लोहा ले सके।

कबीर जैसे विद्रोही तेवर तुलसी के भले न हों लेकिन उनके मन में भी राम के विश्वास की अटल मूर्ति विराजी थी और इसीलिए वे पूरे स्वाभिमान के साथ अकबर के आमन्त्रण को ठुकरा सके :

हम चाकर रघुवीर के पटो लिख्यो दरबार।
तुलसी अब का होहिंगे नर के मनसबदार।।

और सूर! सूर के मन में तो कोई जगह ही नहीं थी, किसी और के लिए, और उन्होंने लिखा :

नाहिन रह्यो मन में ठौर।
नन्द नन्दन अछत ऐसे आनिए उर और।।
चलत चितवत, दिवस जागत, सयन सोबत रात।
हृदय ते वह मदन मूरति, छिन न इत उत जात।।

मन में ठौर नहीं रहा। वहाँ तो नन्द नन्दन ऐसे अक्षत रूप में विराजे हैं कि किसी और के वहाँ प्रतिष्ठित होने की कल्पना नहीं की जा सकती।

कबीर, सूर और तुलसी वे काँवरिये थे जिन्होंने अपनी आस्था को अटल विश्वास में परिणत किया और फिर उनका अपना युग ही उनका नहीं हुआ, सारे युग उनके हो गये। उनका विश्वास पीढ़ियों की प्रेरणा बन गया। वे सिर्फ़ धार्मिक आख्याता ही नहीं रहे, राष्ट्र की सांस्कृतिक धारा के प्रपात पुरुष बन गये। यह उनकी आस्था की यात्रा के अविराम रूप से आगे बढ़कर उसके विश्वास में बदल जाने का परिणाम था जिसने उनकी ही नहीं सारे समाज की बेचैनी ख़त्म की। उस बेचैनी को ख़त्म किया जो समाज की वैयक्तिकता में मौजूद थी, जबकि उसे समाज की समग्र चेतना में मौजूद होना था। उन्होंने व्यक्ति की बेचैनी ख़त्म की और समाज को बेचैन बना दिया। व्यक्ति यदि बेचैन हो तो कोई असर समाज पर नहीं होता लेकिन समाज जब बेचैन हो उठे तो फिर देश कहीं अपनी सामर्थ्य का आकलन करता है, यदि उसमें कहीं कमी हो तो उसे सहेजता है, प्रतिरोध के लिए तत्पर होता है, अन्याय के विरुद्ध खड़ा हो उठता है, अपने अवसाद से, उदासी से, हताशा से मुक्ति पाता है। समाज की बेचैनी इतिहास की धारा को मोड़ देती है।

सावन के माह में पवित्र भाव से यात्रा करने वाले काँवरिये आस्था की काँवर को कन्धों पर साधे चले आते हैं, वे इस आस्था को एक विश्वास में परिणत कर, लौटें तो फिर वह काँवर उनके लिए भारहीन रहे। वे स्वतन्त्र कन्धों वाले ऐसे पुरुषार्थी बन जायें जिनमें सामर्थ्य हो कि वे अन्याय का प्रतिरोध कर सकें, अवसाद से मुक्ति पा सकें, इतिहास की धारा को मोड़ सकें। उनके द्वारा अर्पित जल यदि उनके विश्वास का प्रतिनिधि बने तो जाने कितने मरुथलों में हरियाली के सोहर गान गूँजने लगें। यह कोरा आशावाद नहीं है। आशा आरम्भ में अविश्वसनीय ही लगती है। वह विश्वसनीय बनती ही तब है जब मनुष्य की कर्मशक्ति के प्राण उसमें बस

जाते हैं। यह आशा ज़रूर पूरी हो सकती है बशर्ते कि इस आशा को पूर्ण करने का संकल्प मन में स्थिर हो जाये।

काँवरिये आ रहे हैं, दूर-दूर से, तमाम दिशाओं से, जाने कितने समूहों में, जाने कितने अकेले, उनका आना जाने कब से जारी है इसकी कोई तिथि नहीं, इतिहास नहीं। इन काँवरियों की कोई प्रेरक कथा इसीलिए नहीं लिखी जा सकी क्योंकि ये आये और जल चढ़ाकर, अपनी आस्था को अर्पित कर लौट गये। आना और उसी रास्ते से लौट जाना यात्रा है ही नहीं। यात्रा तो आगे बढ़ने का पर्याय है। यदि ये लौटते नहीं और आगे बढ़ते, आस्था को विश्वास में परिणत कर तो फिर इन्हीं में से कोई जन्म जाता जो किसी सम्राट के सामर्थ्य को चुनौती देता, समाज को दिशा देता, धर्म को उसकी रूढ़ व्याप्ति से छुटकारा दिलाता। आज जो काँवरिये अपने निजी हितों की पूर्ति के लिए तरह-तरह के जल ढो रहे हैं, वे काँवरिये नहीं हैं। उनके पास तो आस्था का भाव तक नहीं।

आज जो खेतों, खलिहानों में अपने स्वेद-बिन्दुओं को बिखेरकर उनसे बीज को सिंचित कर राष्ट्र के सच्चे अन्नदाता हैं, जो कारख़ानों में, रात-दिन अपने जीवन को तिल-तिल कर भस्म करते लोहे से सोना ढाल रहे हैं, जो पूरी निष्ठा के साथ अपने-अपने मोर्चे सँभाले इस देश के गर्वोन्नत भविष्य को गढ़ने में लगे हैं, वे कौन हैं? वे ही असली काँवरिये हैं जिनके मन में आस्था के दीप, विश्वास की लौ लिए जगमगा रहे हैं। उनके नाम असंख्य हो सकते हैं, लेकिन उनके रूप में भिन्नता नहीं है। उनका रूप ही तो राष्ट्र की सामर्थ्य को अर्थ दे रहा है। मगर उनका यह निश्छल विश्वास छल का शिकार है। उनके विश्वास को फलीभूत नहीं होने दिया जा रहा, उसकी दिशा तय नहीं हो रही, उन्हें भटकाने के लिए षड्यन्त्र रचे जा रहे हैं।

छल का यही संकट इस विश्वास के लिए सबसे बड़ी चुनौती है। छलने वाले सीमित लोग, असीमित को छल रहे हैं। यदि इस छल को पहचानकर आस्था से प्रेरित, काँवरिये जान जायें और भोले विश्वासी यदि इस छल के विरुद्ध पूर्ण प्रतिकार की मुद्रा धारण कर लें तो जड़ता और हताशा की लौह दीवारें अपने आप टूटेंगी।

महाकाल, अटल और अडिग विश्वास के आह्वानकर्ता हैं। वे हरेक काँवरिये से यही आह्वान कर रहे हैं कि मुझे आस्था के जल से अभिषिक्त करो, फिर इस जल को विश्वास के रूप में धारण कर सामूहिक बनो और बढ़ो, निरन्तर बढ़ो उन पथों पर जिनके अन्तिम छोर पर भविष्य के तोरणद्वार खड़े, उनकी राह देख रहे हैं।

इन तोरणद्वारों से प्रविष्ट होकर नयी सृष्टि बनायी भी जा सकेगी और आज की सृष्टि को बचाया भी जा सकेगा।

शंकर ने अपने कण्ठ में जो गरल धारण कर सृष्टि को बचाया और नये सृजन के द्वार खोले वह गरल नहीं था, सिर्फ़ अडिग और अटल विश्वास था।

••

वसन्त का ख़त सुनामी के नाम

सुनो सुनामी!

तुमने शायद मेरा नाम नहीं सुना होगा। सुनोगी भी कैसे, क्योंकि तुम तो ध्वंस की ध्वजवाहिका हो, जबकि मैं सृजन का संवाहक। तुम कालरात्रि हो और मैं नये जीवन की आस जगाने वाला प्रभात। तुम क्रन्दन की जन्मदात्री हो और मैं गान का आराधक। तुम समुद्र के छल की पर्याय हो और मैं नदी के विश्वास का आधार। तुम वीभत्स और भयावह की प्रतिरूपा हो जबकि मैं सौन्दर्य और सुवास का सहचर। तुम अनित्य, आकस्मिक और अनेक हो जबकि मैं नित्य, सुनिश्चित और एक। तुम ताण्डव, मैं लास्य, तुम निष्ठुर मैं मधुर, तुम अभिमान, मैं स्वाभिमान, तुम अनल, मैं जल, तुम आघात, मैं सौगात, तुम शोर मैं मौन, तुम पाश मैं पलाश, तुम शर मैं केशर और तुम आग जबकि मैं पराग हूँ।

तब तुम मुझे कैसे जान सकोगी?

विनाश करने वाले, रचने वालों को कहाँ जानते रहे हैं? लेकिन सुनो सुनामी, मैं तुम्हें तुम्हारे सागर लौट जाने के बाद भी यह सुनाने आया हूँ कि तुम्हारी कायरता के आगे मनुष्यता का जीवट कभी हार नहीं मानेगा। तुमने भले लाखों जीवनों पर विराम लगा दिया हो लेकिन जीवन की यात्रा अविराम बनी रहेगी, क्योंकि जीवन सिर्फ़ देह का नाम नहीं होता। वह देह से परे हो जाने के बाद कहीं और जीवन्त हो उठता है और इसीलिए आज तक किसी को यह नहीं मालूम कि इस सृष्टि पर जीवन कब आया और वह कब तक रहेगा? इसलिए तुम इस विश्वास में मत रहना कि तुम्हारी विनाशलीला कहीं जीवन पर विराम लगा गयी है। हुआ तो यह है कि जीवन कहीं तुम्हारे ध्वंस के बाद असंख्य नये स्वरूपों में मुस्करा उठा है। इस जीवन के अनगिनत हाथों को तुम निहारो तो सही, जो तुम्हारी चुनौती स्वीकार कर पूरी शक्ति के साथ अण्डमान निकोबार से लेकर श्रीलंका, इंडोनेशिया और थाइलैंड के हर उस घर के आगे सहायता के कलश लिये खड़े हैं, जिन घरों को सूना कर तुम यह

मानती हो कि तुमने जीवन को जीत लिया। जिस घर से एक जीवन गया उस घर में जाने कितने जीवन लौट आये हैं।

जब से यह सृष्टि अस्तित्व में आयी तुम्हारे ही बन्धु चाहे वे भूकम्प हों, ज्वालामुखी या दावानल सब इस जीवन के सामने परास्त हुए। शायद तुमने आज का भुज देखा हो वहाँ तुम्हारे भाई भूकम्प के शव पर धड़कनों के असंख्य स्मारक खड़े हो गये हैं।

मैं तब आया हूँ जब तुम जा चुकी हो। इसलिए अवसर नहीं मिला कि तुमसे आमने-सामने बात करता। मुझे लगता है, तुम जानबूझकर मेरे आने के पहले अपनी विनाशलीला फैला कर चली गयी क्योंकि मेरे सृजन की संकल्पशक्ति का प्रहार तुम पर भारी पड़ जाता। मैं तुम्हें बताऊँ कि मैं निराला जैसे शक्ति पुत्र का साक्षी हूँ जिसे जाने कितनी सुनामियों ने बार-बार जकड़ा, लेकिन उस महाप्राण ने हरेक पतझड़ को परास्त कर मेरे सौरभ की लाज रखी थी। मैं उस कृष्ण और राधा के अस्तित्व का अमिट साक्ष्य हूँ जिनके कारण आज नेह की अस्मिता बरकरार है और जो दैवीय होने की वजह से नहीं, बल्कि इसलिए पूजे जाते हैं क्योंकि वे उस धरती के पोर-पोर में अमरता की प्राण प्रतिष्ठा करते हैं, जिस धरती पर कुछ पलों के लिए आकर तुम अपनी विभीषिका बिछा गयी और यह मान लिया कि धरती निष्प्राण हो गयी है। इससे बड़ा तुम्हारा कोई दूसरा भ्रम नहीं हो सकता।

तुम आम के बौरों से, कोयल की कूक से, पलाश के केसरिया रंग से, फूलों के पराग से और भँवरे की गुंजार से ज़रूर पूछना की क्या वे कभी तुम्हारे कहर से भयभीत हुए हैं? ये मेरे निडर सिपाही हैं सुनामी और इस बात के लिए कृत संकल्पित हैं कि जब तक यह सृष्टि रहेगी वे सदैव मनुष्यता का शृंगार करते रहेंगे। ये अजेय हैं इनका जन्म हार के लिए नहीं हुआ।

तुम शायद नहीं जानतीं कि आज तुम्हारे कारण लोगों का उस समुद्र से विश्वास उठ गया जो विश्वास नामक शब्द का आधार माना जाता था। उसकी मर्यादा और धैर्य की ख्याति मिट्टी में मिल गयी जिस धीरज और मर्यादा का वह पर्याय माना जाता था। वह आ तो गया तुम्हारे बहकावे में लेकिन उसका पश्चात्ताप, उसकी गहराई और उसके क्षेत्रफल से कहीं ज़्यादा गहरा और विस्तृत हो गया है। मनुष्य उसके इस विश्वासघात को कभी नहीं भूल पायेगा।

तुमने जाने कितने परिवार उजाड़े, जाने कितनी लोरियों को विराम दिया, जाने कितनी चिताओं को अग्नि और जाने कितने कण्ठों को रूदन के सप्तम् स्वर, तुम नहीं जानतीं। तुम्हें यह सब जानने की ज़रूरत भी नहीं क्योंकि तुम्हें अपनी प्रकृति थोड़े ही बदलनी है। तुम्हें तो त्योहार ही जब मरण के मनाने हैं तो फिर जीवन को

जानने की अभिलाषा क्यों होगी? लेकिन जीवन को कभी ज़रूर जानने की कोशिश करना, क्योंकि तब तुम्हें मालूम होगा कि जीवन ने मरण का वरण कर लेना पसन्द किया लेकिन यह नहीं कि वह तुम्हारे सामने अपने अस्तित्व को क़ायम रखने के लिए याचक बन जाता।

सच्चा जीवन दीनता से कभी समझौते नहीं करता।

यह सच है कि जो लाखों मनुष्य तुम्हारी काल इच्छा के ग्रास बने वे अपनी अकाल मृत्यु नहीं चाहते थे लेकिन सच यह भी है कि वे अपनी अन्तिम साँस तक तुम्हारे से लड़े। उनका मरण उनकी हार नहीं है, वे मर कर जीत गये हैं और तुम जीकर भी हार गयी हो। तुमने देखा होगा कि तुम्हारे लौटते ही समुद्र के तट फिर गुंजार हो उठे हैं, उसके वक्ष पर छोटी-छोटी नौकाएँ अपना सिर ऊँचा कर फिर डोलने लगी हैं, मछुहारे फिर मीन की तलाश में अपने जाल साधे सागर की सतह पर उतर गये और वह नन्हा शिशु तुम्हें अपनी नन्ही-सी उँगली उठाकर चुनौती दे रहा है जिसे गर्भस्थ रहते तुमने उसकी माँ को निगलने की कोशिश की थी।

सुनामी, तुम्हें यह जान लेना चाहिए कि तुम्हारी विभीषिका चाहे जितनी बड़ी हो, वह इस नन्हे शिशु की चुनौती की कभी स्वीकार नहीं कर सकेगी।

आज तक इस संसार में जितने भी दम्भ से भरे 'बड़े' हुए हैं उनके अन्त का कारण उनसे 'बड़े' नहीं हुए बल्कि वे हुए जो उनसे बहुत छोटे थे फिर वे चाहे कंस के सामने वंशीधर हों या बलि के सामने वामन।

तुम्हें शायद लगे कि मैं तुम्हें उपदेश देकर समझाना चाहता हूँ। नहीं, ऐसा नहीं है। जब तुम्हें समझना ही नहीं है तो मैं क्यों समझाऊँगा। मैं तो तुम्हें सिर्फ़ इस हक़ीक़त के बारे में बताना चाहता हूँ कि मानवीय जिजीविषा की इबारत कभी मिटती नहीं, उसे जितनी बार मिटाने की कोशिश करो वह उतनी ही उज्ज्वलता के साथ समय की स्लेट पर उभर आती हैं।

इस पत्र को लिखने का यही मक़सद है कि मैं तुम्हें मेरी जाति के, वंश के लोगों की तासीर के बारे में बता पाऊँ। मैं मनुष्य हूँ और मनुष्य की तासीर यही है कि वह देह के न रहने में भी अपनी अमरता तलाश लेता है। तुम यह बात उन नन्ही सुनामियों को भी सुनाना जिनका शैशव अभी बीता नहीं है। मुमकिन है कि वे तुम्हारी इस असफलता से शायद कुछ सीख सकें और तटों की ओर विवेकहीन होकर दौड़ने की आदत को त्याग दें। ज़रूरी नहीं कि क्रूर माँ के बेटे-बेटी क्रूर ही हों।

वत्सलता आनुवांशिक नहीं होती।

तो मैं अब अपना पत्र बन्द करता हूँ। मैं आया और तुम्हारी विभीषिका देखी तो मेरा मन उन्मन तो हुआ लेकिन यह सोच कर हँसी भी आयी कि तुमने उस मनुष्य

को इतना दीन कैसे मान लिया जिसके पुरुषार्थ के स्वागत में, मैं अपना सौरभ और सौन्दर्य न्योछावर करता आया हूँ। मैं तो चारण हूँ उसकी प्राणशक्ति का।

मैं यह पत्र समुद की अभिमानी सतह पर इस विश्वास के साथ छोड़ता हूँ कि वह शायद तुमसे विश्वासघात न करे और मेरा कहना तुम तक पहुँच जाये। यह पत्र समुद्र को सौंपकर मैं अब उस तट पर जा रहा हूँ जहाँ तुमने कभी ताण्डव मचाया था लेकिन जहाँ आज सारे तटवासी इकट्ठे हुए हैं, उन्होंने सागर की रेत में एक घर बनाया है जिसके द्वार पर आम बौर बँधे है और एक नवयुवती अपने केशपाश में ताजे फूलों का जूड़ा बाँधे सागर की छाती पर डोलती नावों को निहार रही है।

पत्र के अनुत्तर की आस में

–बसन्त

●●

अस्ताचल के सूर्य

अस्ताचल की ओर जाते और उदयाचल से उदित होते सूरज को देखें तो काफ़ी समानताएँ दिखाई देती हैं। वही अरुणिम आभामण्डल, वही अलसाया-सा नभ, वही धीरे-धीरे गोलाकार गहरे कुंकुमी आकार का पर्वत के पीछे की ओर से सरकते-सरकते झाँकना, वही हल्की बयार, वही पखेरुओं का कलरव, वही नदी के बहाव की हल्की कलकल, वही किसी गीत के रचे जाने की चाह और वही किसी छन्द के आने का इन्तज़ार! अस्ताचल और उदयाचल के सूरज की ये समानताएँ सिर्फ़ ऊपर से दिखाई देने वाली और पहले पहल अनुभव होने वाली समानताएँ हैं। वास्तविकता यह है कि इन दोनों में भिन्नता ही भिन्नता है।

अस्ताचल के सूरज का आभा मण्डल, भोर की किरणों से अभिनन्दित नहीं होता, अलसाया नभ जागता नहीं, वह सो जाता है, पर्वत के पीछे से झाँकने की भंगिमा नये उत्साह के साथ फिर थिरकते रश्मिजाल की ओढ़नी पहनकर इतराते हुए प्रकट नहीं होती। हल्की बयार का वेग थम जाता है, पखेरू शान्त होकर अपने नीड़ में लौट जाते हैं, नदी के बहाव की कलकल रात के नीरव एकान्त की संगिनी बन जाती है, गीत के रचे जाने की चाह को निविड़ अन्धकार निगल लेता है और किसी छन्द की अगवानी करने के लिए कोई इन्तज़ार नहीं करता।

अस्ताचल के सूरज की नियति अन्धकार है जबकि उदयाचल के सूरज का भाग्य रचने को आलोक की असंख्य तूलिकाएँ तत्पर खड़ी रहती हैं।

सूरज का ऊगना और डूबना भले आँखों से प्राय: एक सा दिखाई दे लेकिन उगने का अर्थ उगना और डूबने का अर्थ डूबना ही होता है। डूबने के बीच उगने के अर्थ निकालना सिर्फ़ आँखों का छलावा और मन का भुलावा भर है।

ये भरम जितनी जल्दी टूटें उतना ही बेहतर हो।

मुश्किल यही है कि ये भरम नहीं टूटते और उदित होने के भ्रम में अस्त होते चला जाना होता है। उदित होने वाले सूरज अनगिनत भ्रम बाँटते हैं।

ये कौन हैं उगने वाले सूरज? ये वे हैं जिन्होंने अपने छल से भरपूर कौशल से किरणों को अपने वश में कर लिया है, ये वे हैं जिन्होंने अपनी सामर्थ्य से प्रकाश की उन तूलिकाओं को अपना दास बना लिया है, जिनके पास उजाले की स्याही है, और बयार हो, कलकल हो, गीत रचने की चाह हो या छन्द के इन्तज़ार की घड़ियाँ, इन सब के एकाधिकार इन्होंने एकमुश्त ख़रीद लिए हैं।

इसलिए जो आज उगते सूरज हैं, उन्हें सदैव उगे ही रहना है। उनकी जमात में कोई अन्य सूरज तभी शामिल होगा जिसके पास शक्ति हो, किरणों को वश में करने की, आलोक की तूलिकाओं को अपना दास बनाने की और बयार तथा कलकल के एकाधिकार एकमुश्त ख़रीद लेने की।

जहाँ तक अस्ताचल के सूर्यों का सवाल है, ये वे हैं जिनके पास दूसरे क़िस्म की सामर्थ्य है। वह सामर्थ्य है न झुकने की, समझौते नहीं करने की, अडिग बने रहने की। उनके पास अर्थ नहीं है लेकिन वे कदापि अर्थहीन नहीं है। उनसे बड़ा अर्थवान कौन होगा जो अपने संघर्ष करने के बूते पर, अपनी जिजीविषा के बल पर अँधेरे को अंगीकार करते हुए, छद्म उजालों की बस्ती में किसी तरह अपना उजला अस्तित्व बचाये हुए हैं। इन सूर्यों को अपने उजले अस्तित्व की रक्षा ख़ुद करनी पड़ रही है।

उजाले कहे जाने वालों के शहर में आज उजाला ही अजनबी है। रातें, दिन की मानिन्द हैं और दिन रातों में बदल गये हैं। आँखों ने देखने के अभ्यास बदल लिये। वे रात को दिन और दिन को रात समझने में पारंगत हो गयी हैं।

उगते सूरज, मशालें हाथ में लिये जुलूस निकाल रहे हैं। रोशनी का, रोशनी के लिए, रोशनी के द्वारा!

इन सूर्यों ने उस अँधेरे के ख़िलाफ़ जेहाद छेड़ रखा है जो अपने हृदय में अस्ताचल के उन सूर्यों को अंगीकार किये है जो सच्चे और सार्थक उजाले के प्रतिनिधि हैं। इस अँधेरे का सिर्फ़ इतना कुसूर है कि वह अँधेरा है और सच्चे उजाले को पनाह देता है।

आज अन्धकार को ये उगते सूरज इसलिए नहीं कोस रहे क्योंकि वह उजाले को निगल जाता है, बल्कि इसलिए कि वह उन उजालों को अपने गले लगा रहा है जो प्रकाश के प्रतिनिधि हैं। अँधेरा तो एक ही है पर सूर्यों की दो जातियाँ हो गयीं। वे सब दो हो गये, दोनों एक दूसरे के विपरीत जिन्हें सिर्फ़ एक ही रहना था। आज दो उजाले हैं, दो मूल्य, दो मानक, दो राजनीति, दो समाज, दो संस्कृति और दो मनुष्य।

यह दो हो जाना इस तथ्य का प्रमाण है कि इसमें अनुचित को उचित सिद्ध करने की सुविधा हो जाती है। दोहरे मापदण्डों को अपना लो तो प्रतिभा पर उम्र विजय पा लेती है।

दादा रामनारायण उपाध्याय एक संस्मरण सुनाते थे। वे जब स्व. हरिशंकर परसाई से मिलने गये तो उनके पाँव छूने लगे। परसाई बोले, आप मुझसे बड़े हैं उम्र में। दादा का उत्तर था लेकिन प्रतिभा आपकी बड़ी है।

आज यह प्रतिभा कुण्ठित है, जिसे निरन्तर असफलता का मुँह देखना पड़ रहा है। उसकी टीस निरन्तर गहरी होती जाती है और सुमन को मुरझाते हुए यह कहना पड़ता है :

जिस पनिहारिन की गगरी पर
मैं ललचाया वह ढुलक गयी
जिस जिस प्याली पर धरे अधर
छूते ही वह छलक गयी

इस देश में चारों ओर ऐसी ढुलकी हुई आशाओं की गगरियाँ और छलकी हुईं निराश प्यालियाँ सहज देखने को मिल जाती हैं।

जाने कब से ब्रेन ड्रेन के नाम पर उन युवाओं को कोसा जा रहा है, जो यहाँ से पढ़कर विदेशों में बस जाते हैं लेकिन विस्थापन के पीछे हम कितने दोषी हैं यह आकलन नहीं किया जाता। हमारा सबसे बड़ा दोष है इस तरुण प्रतिभा के विकल्प के रूप में अपने आपको या अपने वाले को प्रस्तुत कर देना और फिर उसे स्थापित कर देना। बरगद का घना वृक्ष या कोई बीमार पेड़ धरती पर अपनी निष्क्रिय जड़ें फैलाकर या बिना फल दिये जगह घेरकर स्थापित तो रह सकता है लेकिन उन तरुण वृक्षों की बराबरी ये बरगद और बीमार पेड़ नहीं कर सकते जिनके धरती पर बने रहने से जंगलों का क्षेत्रफल बढ़ता है और हरियाली की धड़कनों के न थमने की आशा बँधी रहती है।

आज संकट वे वृक्ष झेल रहे हैं जिनके पास फल देने की असीम सम्भावनाएँ हैं और आश्वस्त भाव से निर्भीक खड़े हैं फलहीन बरगद और काँटों से भरपूर बबूल।

गुण और प्रतिभा के गौण होते जाने की घटना हर पल घटती है लेकिन कोई प्रतिरोध नहीं होता, उल्टे ऐसे नियम ढूँढ़ लिये जाते हैं, गढ़ लिये जाते हैं जो इस गौण होते जाने को उचित ठहरा देते हैं। उचित होना और उचित ठहरा देना दोनों में बड़ा अन्तर है। उचित तो गुण और प्रतिभा है लेकिन उसे गौण क़रार देने की कवायद, उचित का ठहरा दिया जाना है। जब अनुचित कहना

सम्भव नहीं हो पाता और अनुचित करना ज़रूरी हो जाता है तब उचित ठहरा दिया जाना कहा जाता है।

अब समय आ गया है जब प्रतिरोध करना ज़रूरी हो गया है। मुझे बच्चन की शृंगारिक कविता 'शृंगार' की नहीं लगती। आज के सन्दर्भों में बच्चन जैसे विराट व्यंजना वाले कवि की कविता आह्वान की कविता लगती है। बच्चन को याद भी करें और इन पंक्तियों के माध्यम से यह आह्वान भी करें कि बात पूरी हो, कहानी पूरी हो और अपनी नियति के बारे में ज्ञात हो, अज्ञात रहने के भ्रम देने वाले सूरज अपना अस्तित्व ख़त्म करें :

साथी, सो न, कर कुछ बात!
बात करते सो गया तू,
स्वप्न में फिर खो गया तू,
रह गया मैं और आधी बात, आधी रात!
साथी, सो न, कर कुछ बात!
पूर्ण कर दे यह कहानी,
जो शुरू की थी सुनानी,
आदि जिसका हर निशा में, अन्त चिर अज्ञात!
साथी, सो न, कर कुछ बात!

●●

और शिप्रा अमृतमय हो उठी

इस देश की सरिताओं ने हमारी संस्कृति और संस्कारों को रचा है। उनके कल-कल निनाद ने इतिहास के देवता के कण्ठ को वाचाल बनाया और उनके स्पन्दनों से अमर काव्य रचे गये, पाषाणों में प्राण प्रतिष्ठित हुए, रंगों तथा रेखाओं में रूप का लावण्य झलक उठा और इस तरह हमारे देश की नदियाँ न केवल धर्म और दर्शन बल्कि साहित्य, शिल्प और रूपायन की स्रोतस्विनी के रूप में हमारे राष्ट्र की अमर पहचान बन गयीं।

इन नदियों के तट पर यह अमर पहचान हमारी सर्जनात्मकता की पर्याय बनी और फिर यह सृजन केवल कर्म तक सीमित नहीं रह गया बल्कि वह हमारा धर्म बन गया, ऐसा धर्म जिसके मायने जड़ता या अन्धविश्वास के नहीं थे बल्कि जिसके अर्थ के घेरे में हमारे सनातन दर्शन की गहरी व्यंजना समायी थी।

इन पवित्र नदियों के तट पर यह सृजन जाने कब उत्सव बन गया, जाने कब धर्म की यह व्यंजना हमारे दर्शन की व्याख्या बन गयी और जाने कब वे परम्पराएँ हमारी आस्था को परिभाषित करने लगीं जिन परम्पराओं ने हमारे देश के निर्मल सौभाग्य को रचा, यह तथ्य न अतीत जान पाया, न वर्तमान और न ही भविष्य। प्रत्येक पीढ़ी यदि जान पायी तो सिर्फ़ यही कि नदी में स्नान करने की परम्परा के पीछे केवल देह की मलिनता के विसर्जन का उद्देश्य ही नहीं है बल्कि इस स्नान करने के पीछे कहीं अपनी देह में प्रतिष्ठित अमूर्त आत्मा के अमर करने का संकल्प भी निहित है।

इक्कीसवीं सदी की देहलीज पर एक महान सृजन उत्सव सिंहस्थ के रूप में, कुम्भ के रूप में शिप्रा के तटों पर मन रहा है। धर्म केवल जड़ विश्वास या रूढ़ि नहीं है बल्कि वह जन-जन की आस्था का प्रतीक बन गया है। शिप्रा में किया जाने वाला स्नान एक अमर स्नान हो गया है।

मैं देख रहा हूँ इक्कीसवीं सदी के सिंहस्थ का पहला शाही स्नान। पतली-सी प्रवहमान शिप्रा के तटों पर जनसागर उमड़ पड़ा, विलक्षण दृश्य है। सागर का

सरिता में समा जाने का अद्भुत दृश्य। अनगिनत मानव देहों की उत्ताल तरंगों से लहाराते इस जनसागर की अकुलाहट देखते ही बनती है। शिप्रा के इन तटों पर खड़ा जनमानस आकुल है, कब सभी शंकराचार्य और महामण्डलेश्वर, सन्त और महात्मा अपने-अपने अखाड़ों के साथ स्नान कर लें और कब वह शिप्रा के इस पावन जल में अपने आपको डुबो कर इस अमृतमयी शिप्रा को अपनी अस्मिता में समेट लें।

विचित्र विरोधाभास है। कल तक इसी शिप्रा का जल बड़ा प्रदूषित था, चाहे रामघाट हो या चक्रतीर्थ, नृसिंहघाट हो या गऊघाट, हर घाट पर बहती या ठिठकी हुई शिप्रा प्रदूषित लगती थी, उसका जल भी आचमन योग्य नहीं था लेकिन आज पाँच अप्रैल के दिन अचानक यह जल अमृत में बदल गया है। देश और विदेश के, उज्जयिनी और उसके आसपास के पूरे अंचल से आये असंख्य जन बार-बार डुबकी लगा रहे हैं, इस जल से आचमन कर रहे हैं, अभिषेक कर रहे हैं और फिर भी लगता है अतृप्त हैं। यह अतृप्ति शिप्रा के प्रवाह में समाया अछोर अमृत है।

मुझे लगता है कि यह अमृत की बूँद के शिप्रा में टपक जाने वाली कथा बड़ी व्यंजनात्मक है। इसकी व्यंजना में यह सत्य समाया है कि अमरता देह की नहीं होती, जीवन की नहीं होती बल्कि वह उस जिजीविषा की होती है, जिसके बल पर मानव की विजय यात्रा अविराम बनी रहती है, वह कभी थमती नहीं। मानव देह जाने कितनी जन्मतीं और विलीन होती रहती हैं लेकिन मनुष्यता शाश्वत है। मानुष भाव कभी मरता नहीं। यही भाव अमृत है, यही भाव देह के विलीन होने के बाद भी मानवता को अमर बनाये रखता है।

कोई नहीं जानता कि अमृत की बूँद किसी घड़े से, कुम्भ से टपकी या नहीं टपकी, देवराज इन्द्र का पुत्र जयन्त कब अवन्तिका के ऊपर से इस कुम्भ को दानवों से झपट कर गुज़रा और शिप्रा में कहाँ यह बूँद टपकी? यह सब मिथकीय लगता है। सत्य लगता है तो वह भाव जिसके कारण शिप्रा का प्रदूषण दूर हो जाता है और वह अमृतमय होकर उसमें डुबकी लगाने वाले प्रत्येक मानव को अमृतमय बना देना चाहती है और यही नहीं बल्कि उसके माध्यम से समूचे मानव मात्र को उस अमरत्व का सन्देश देना चाहती है, जिस अमरत्व के कारण कर्मपथ पर मानवता के कदम थमते नहीं।

वक्रपन्था उज्जयिनी में हर बारह वर्ष के अन्तराल से शिप्रा के तटों पर सजने वाला यह सिंहस्थ या कुम्भ का महापर्व हमारे आस्थाभाव की अमर अभिव्यक्ति है। कुम्भ का अर्थ है घड़ा, जो जल से परिपूर्ण हो, एक अर्थ है वह प्रक्रिया जिसमें साँस भरकर रोकी जाती है। एक अर्थ है नश्वर शरीर तथा एक अर्थ है यह पूरा विश्व। यदि कुम्भ अवन्तिका में लगता है, महाकाल की देहरी पर सजता है तो उसका अर्थ यह

है कि यह समूचा ब्रह्माण्ड ही एक कुम्भ है, जिसके सर्जक या कुम्भकार महाकाल हैं। काल को गढ़ने वाले महाकाल।

इस विराट परिप्रेक्ष्य में यदि कुम्भ स्नान का अर्थ खोजें तो यह लगेगा कि शिप्रा के जल में यदि स्नान कर लिया तो हमने मृत्यु को नकार दिया और मृत्यु को नकार देने का अर्थ नश्वर देह के नष्ट हो जाने की घटना को नकार देने से नहीं है। उसका अर्थ है कि हमने उस जिजीविषा को अपने अन्दर समेट लिया जो मनुष्यता को कभी मरने नहीं देगी, उसे जीवित रख वह हमेशा एक भेद दानव और मानव के बीच बनाये रखेगी। यदि शिप्रा में कुम्भ स्नान किया तो उसका अर्थ यह हुआ कि हमने नहाकर दैहिक मृत्यु के भाव को सदैव के लिए विसर्जित कर दिया और शिप्रा में समाये उस अमृत को अपने अन्दर समेट लिया जिसका सन्देश जीवन को नहीं बल्कि जीवन्त को सदैव जीवित बनाये रखने का है।

हम अमृत सन्तान हैं और इसीलिए क्योंकि हम असुर नहीं हैं। हम देवता भी नहीं हैं जो शायद दैहिक रूप से अमर माने जाते हैं लेकिन हम मानव हैं जो अमृत के सच्चे भाव के संरक्षक और संवाहक हैं। शिप्रा में स्नान कर उसके जल का आचमन करने का अर्थ हम यह नहीं लेते कि हमने अमृत पिया बल्कि उसका अर्थ हम यह लेते हैं कि हमने अमरता को सदैव के लिए जी लिया। इस सन्दर्भ में हमारी मानवता देवत्व को पराजित करती है।

भारतीय आस्था का यह भाव इतिहास को भी पराजित कर देता है। करोड़ों लोग जो कुम्भ स्नान के लिए इन दिनों उज्जयिनी में जुट रहे हैं, उनमें से कोई भी ऐतिहासिक साक्ष्यों की कसौटी पर इस महापर्व को कसना नहीं चाहता। उसके लिए आज विज्ञान और साक्ष्य महत्त्वहीन हो गये हैं। यदि कुछ महत्त्वपूर्ण रह गया है तो वह है उसकी आस्था, जिसकी दीवारें इतनी ऊँची हैं कि तर्क की आँखें उसकी ऊँचाई को माप नहीं सकतीं। यही आस्था आज, कल तक प्रदूषित रही शिप्रा को अमृतमयी बना रही है, यही आस्था आज बिखरे हुए विश्वास के तिनकों को इकट्ठा कर उन ऋषियों के लिए पर्णकुटी बना रही है, जिन ऋषियों के कृतित्व में वह अपने और इस देश के महिमामय भविष्य को देखना चाहती हैं और यही आस्था रामघाट से लेकर मंगलनाथ तक और अंकपात से लेकर गढ़कालिका तक सघन रूप में फैल कर अपने आपको आश्वस्त कर रही है कि साधना का प्रभुत्व प्रबल होता है।

अन्धविश्वास का यहाँ कोई अर्थ नहीं रह गया है। सब कुछ भावनामय, अर्चनामय और समर्पणमय है। कुतूहल भी है लेकिन उसके मूल में भी कहीं गहरे विश्वास हैं, जो जड़ता से नहीं जन्मे हैं।

इस महाकुम्भ के पहले दिन सम्पन्न हुए शाही स्नान के अवसर पर शिप्रा में डुबकी लगाने के बाद मैं यही सबकुछ सोच रहा हूँ। इस महाकुम्भ के पहले जो पेशवाई निकलीं तब भी उन्हें निहारते कुछ इसी तरह के विचार मन में आये थे। मैं नहीं जानता कि जो साधु-सन्त और महात्मा यहाँ जुटे हैं, उनमें से कितने खरे और कितने खोटे हैं, मेरे मन में तो उस आस्थाभाव के प्रति प्रबल आकर्षण जन्मा है, जिस भाव ने एक विशाल जनसमूह को, जनसागर में बदल दिया, जो अमृतमयी शिप्रा की पतली-सी धार में समा जाने को आकुल है।

शिप्रा के तटों पर जाने कितने आकांक्षी मन जुट आये हैं। ये सब मनुष्यता की यात्रा को अविराम और अमर बनाने की आकांक्षा लिए जुटे हैं। सब डुबकी लगाते हैं। अपने अकेले के लिए शायद ही कोई डुबकी लगा रहा हो। सब कुटुम्ब के लिए, समाज के लिए डुबकी लगा रहे हैं, स्नान कर रहे हैं। मृत्यु का विसर्जन और अमरता का आह्वान कर रहे हैं।

यहाँ मैं इतिहास की पुनरावृत्ति का साक्षी बना शिप्रा के रामघाट पर अनेक डुबकियाँ लगाकर खड़ा हूँ। जाने कबसे यहाँ अमृत-स्नान हो रहा है और अनादि काल तक यहं अमर स्नान चलता रहेगा।

अमृत को पाने की आकांक्षा कभी पूरी कहाँ होती है, शायद अतृप्ति ही अमृत का दूसरा नाम है। यदि अतृप्ति न हो तो मनुष्यता की यात्रा कैसे अनवरत और अविराम बनी रह सकती है?

मुझे लगता है जितने अधिक अमरता के प्रति आस्था से भरपूर मानव शिप्रा में डुबकी लगा रहे हैं और भविष्य में लगायेंगे, शिप्रा उतनी ही अमृतमय होगी, अमृतमय होती चली जायेगी।

●●

अम्मा

भँवर, भँवर और स्मृतियों के भँवर, मन और मानस उनमें गोल-गोल घूमते हैं। सन्नाटे के बीच इस घुमाव में समय की परतें बह जाती हैं और सामने आ जाता है वह कालखण्ड जिसे चाह कर भी नहीं बिसरा पाया। सुख में रहने लगो तो उन दु:खों को भूलने का मन करता है जो अतीत में कभी भोगे थे। लेकिन वे बिसरें कैसे? दु:खों से बड़ा शिल्पकार शायद ही कोई होता हो जो आपके अस्तित्व को गढ़ता है।

पानी की याद आती है। उन दिनों पानी की बड़ी मुश्किल थी। घर के बाहर लगे नल से पानी भरकर एक लम्बी गली पार कर लाना होता था। उसे एक हौद में इकट्ठा करते थे। पूरे परिवार का नहाना धोना उसी से होता था। फिर पीने के लिए अलग से ढसे भरकर सहेजना होता था। नल थोड़ी देर के लिए आते थे। वहाँ भीड़ होती थी। जब नल का समय होता, सुबह और शाम, तब वह आवाज़ देती, 'चल मदन' और मैं चल देता था उसके पीछे-पीछे। पट्टे वाली चड्ढी और बनियान पहिने-हाथों में बाल्टी और बटलोई थामे। भाई छोटे थे। उनसे बाल्टी नहीं उठती। मैं छोटी बाल्टी और बटलोई जिसे गुण्ड भी कहते उठा लेता था। वह नल पर खड़ी हो जाती, मुझे बाल्टी और गुण्ड भरकर देती, मैं गली पार करता और पानी हौद में डालता। फिर बड़ी बाल्टी और गुण्ड वह ख़ुद उठाती, तब मैं नल पर खड़ा रहता और उन्हें भरता। जब तक वह लौटती, मैं नल पर खड़ा रहता, फिर नल पर वह खड़ी हो जाती और मैं पानी ढोने लगता। यह क्रम भी टूटता रहता था। बीच-बीच में लोग अपने अपने बर्तन लिये झगड़ने लगते। वह सबको समझाती, सबको अवसर देती पानी भरने का। घर के सामने एक बुढ़िया रहती उसे हम बुआ कहते थे। यों आम तौर पर वह सामान्य रहती पर जैसे ही नल आते वह लड़ने पर उतारू हो जाती। मुझे बहुत सुनाती, तब यह भी उससे लड़ती। "देख बाई, मेरे मदन से कछू मत कइए।" जब नल नहीं आते तो चार-पाँच मकान छोड़कर पड़ोस के कुएँ से पानी लाता। वहाँ मेरी एक बड़ी बहिन बन गयी। वह बड़े प्यार से पानी भरने देती और

कभी-कभी कटोरी में दूध भी देती। मैं नल के समय यदि बाहर से खेलकर आता तो आधे रास्ते से क़मीज़ की बटन खोलने लगता। उसे मैं जीजी कहता हूँ। वह आज भी मुझे चिढ़ाती है 'चल पानी भरने आ' मेरी कोई बड़ी बहिन नहीं मगर वह मेरी आज भी सगी जीजी है।

"देख मना, (मेरे घर का नाम) सबको सँभाल के रखिए, तू बड़ों बड़ातों (सबसे बड़ा) है घर में हओ, सब ऐसेई मिल-जुलकर रइयो।"

उसकी साँस भर आयी है। अनुज ने टेप चला दिया। भजन गूँजने लगे। अगरबत्ती लगा दी ख़ुशबू फैल गयी। सब उसे घेरे बैठे हैं। मन में उसी की ख़ुशबू है, नहीं जानता अगरबत्ती की ख़ुशबू कैसी होती है?

"अंजना (मेरी पत्नी) देख तू सबसे बड़ी है, छोटन का ध्यान रखना, मेरी पेटी में मेरो सब सामान रखो है, साड़ी, तुलसी और चिल्लर भी है, तो साड़ी मेरे को उड़ा दइयो, पैसा ऊपर से फेंक दइयो।"

सोचता हूँ कितनी अमीर थी। भरा पूरा परिवार, नाती, पोते–कठिन समय बीता तो नाती बड़े हुए अच्छी नौकरी, पा गये, परिवार में समृद्धि आयी, घर का पुनर्निर्माण हो गया। सारी सुविधाएँ जुट गयीं। खेती-बाड़ी, मकान, रुपया-पैसा।

लेकिन उसकी पूँजी एक टूटी पेटी। उसमें दो-तीन पुरानी साड़ियाँ, एक पुराना स्वेटर, तीन-चार ब्लाउज, कुछ चिल्लर, एक बटुआ जिसमें कुछ सुपारी के टुकड़े और तम्बाखू, एक टूटा चश्मा और सोने के निकल चुके पॉलिश वाली दो-तीन चूड़ियाँ।

और कुछ नहीं–कोई ताला नहीं, कोई चाबी नहीं, अलमारी नहीं, नोट नहीं, ज़ेवर या रत्न नहीं। पैसे मुझसे लेती। "भइया पैसा दे जा, बहू बेटी घर आयें तो देनो पड़े, तेरे सिवा किसी से नयीं माँगूँ" और यह पैसा सब बँट जाता। जब भी जाता उसे नोट देकर आता और जब लौटने लगता तो हाथ में अठ्ठनी या रुपया का सिक्का रख देती।

तू रामसत्ता करा ले, दान कर दे, मन्दिर में पाठ करा दे जो करना होकर दे तेरे आशीर्वाद से सब कुछ है अपने पास–मैं कहता तो हँस देती, 'मना की बातें' का करनो, अरे भगवान को जो सब नयीं चइए, मन से भज लो, देनो है तो उनको दे जिन्हें ज़रूरत है।'

पण्डित उससे घबराते, 'छोटी बाई कहीं दे हमको'–(उसे छोटी बाई भी कहकर पुकारते थे) उसे पाखण्ड, दिखावे, और छद्म से गहरी नफ़रत थी। जीवन भर इनसे उसने कष्ट पाये वह कैसे इन्हें स्वीकारती?

घर से नदी पार कर कुछ दूर पर खेत है। फ़सल की बोवनी, बखरनी, उड़ावनी, सब ख़ुद करती और कराती। मैं और मेरा अनुज निर्मल दोनों को खेत ले जाती। वहाँ रखवाली करती। हम खेलते वहीं सो जाते। अनाज उड़ाते। अनुज को बैलगाड़ी घेरने का शौक़। वह खेत पर गाय बैलों में रमा रहता। उस समय पंखा होना बड़ी बात थी। हमारे पास पंखा नहीं था अनाज उड़ाने का, सो टोकनी में तिपायी पर चढ़कर हवा चलने पर उड़ाते। दाने अलग हो जाते, भूसा अलग। फिर अनाज भरकर घर लाया जाता। घर से टिफिन बनाती और हम उसे लेकर पिता जी और दादा जी को देने जाते।

खेत बँटाई से दिया जाता था। बँटाईदार पास के गाँव रेंहटा के होते थे। बऊआ मामा, गुल्लू भइया, शमशेर काका, सुखदेव बाबा, मंगू दादा, रोशन भइया, कोई बलाई, कोई मुसलमान, कोई गोंड़। फिर गाँव के लोग रामकरण, रामचरण, सब बलाई या छोटी जाति के लोग। ये उसके परिवार के अंग थे। वह उन्हें राखी बाँधती। वे उसे एक एक रुपया देते, साड़ी देते। उनके परिवार के बच्चों के साथ हम खेलते। ये परिवार आज भी मेरे परिवार के अंग हैं। वह समय ऐसा था जब हमारे पास यों तो खेत था, किराये के मकान थे पर उनसे इतनी आमदनी नहीं थी कि घर का गुज़ारा होता। हमारी निर्धनता को समाज बख़ूबी समझता था। बड़े घरों के सम्पन्न लोग सम्मान तो देते थे पर मदद का कोई सवाल नहीं था। उसने माँगी भी नहीं। बल्कि जब हम सम्पन्न हो गये तो उसने हमसे उन लोगों की मदद ज़रूर करवा दी जिन्होंने कभी उसकी विपन्नता पर ताने कसे थे।

इसलिए ऐसे लोगों को तिलांजलि देकर, उसने अपना परिवार उन लोगों से जोड़ लिया जिनके पास धन नहीं था लेकिन निश्छल प्रेम का भाव था। उसे जात-पाँत के भेद से सख़्त नफ़रत थी। 'आत्मा सो परमात्मा' उसका ब्रह्म वाक्य था।

हमारे कुछ किराये के मकान हैं, पुश्तैनी, जिनमें किसी तरह रोजी-रोटी की जुगाड़ कर अपना पेट पालने वाले परिवार रहते थे। किराया कभी देते कभी नहीं देते। नाम मात्र की आमद्रनी। किराये के इन मकानों के समूह को बाड़ा कहते। वहाँ जितने परिवार थे उनके घरों के लोग बड़े-छोटे वे सब उसके रिश्तेदार थे, सांगखेड़े वाले जेठ जी, चारुआ वाली जीजी, बेटी गौरनी, बीना वाली बहू, कमली, लच्छी, किशन, बल्लू, दीनू और शंकर उसके बेटे-बेटी। बाड़े के घरों में गाँवों से हरदा में आकर पढ़ने वाले लड़के रहते। उनकी देखभाल भी करती और चौकसी भी। ये बड़े निर्धन होते लेकिन इनमें से किसी को उसने कभी भूखा नहीं रहने दिया। रोज़ देखती कि सबने भोजन किया और सब पढ़ रहे हैं।

खेत पर, बाड़े में वह गिलकी और तुरई की बेलें चढ़ा देतीं और उन्हें तोड़कर ताजी सब्ज़ी बनाती, कनकउआ के पत्ते तोड़कर उनमें बेसन लपेट कर कभी कभी बरसात में भजिए, बनाकर खिलाती, कहती–

"सब खानो–कब कौन सो बखत पड़ जाये।" दादा जी हिन्दी के सुप्रसिद्ध कवि, उर्दू के विद्वान और शायर, घर पर गोष्ठी होती। लालटेन की रोशनी में काव्य पाठ होता। सबको मुँह ढँककर चाय बनाकर प्रेम से पिलाती–गुड़ की चाय। दर्जनों कवित्त, श्लोक और शेर उसे ज़ुबानी याद थे। हम सब भाई-बहन को रटवा दिये। आज भी हम सब जब मिलते हैं तो गाते हैं।

और सद्दा (मेरा अनुज) तू बाल बिनोद तो सुना
पप्पू (मेरा अनुज) तू, गजल सुना तेरे बाऊजी की
नीलू रे-तू तो भोले है, भोले ने दओ तो को-तू आरती गा दे
फिर तन्मयता से सुनती-ख़ुश होती।

लोगों से कहती, "भइया-मेरी सास केत थीं, बाड़े में धन गड़ो-तो को धन चइये तो ले ले, पर बच्चा नहीं मिलेंगे। मैंने कई-नयी मोए तो बाड़ी ग्वाड़ी चइये। बच्चन को तो पाल लऊँगी-ऊपर बाले ने लम्बे हाथ से दए हैं भइया मोको नयीं चइए सोना, चाँदी।"

घर में साहित्यिक वातावरण था। लघु, गुरु, तगण, मगण मात्रा और मात्रिक छन्द ज्ञान दादा जी ने कराया था। सभी भाई अपने अपने स्कूल की प्रतियोगिताओं में अव्वल आते! इनाम मिलते तो बड़ी प्रसन्न होती। "परसाद चढ़ा दे।" प्रसाद नहीं होता तो गुड़ या शक्कर चढ़ा देती।

बी.ए. हुआ। विश्वविद्यालय में प्रथम आया। सभी ने घर की परिस्थिति देखकर कहा–यहीं से लॉ कर के वकील बन जा। लेकिन मन बाहर जाने का था, कुछ बन पाने की ललक थी। सिर्फ़ उसी की हिम्मत पर भोपाल आ गया–एम.ए. करने। यहाँ के संघर्ष की अपनी कहानी है लेकिन उसका सार यह है कि दो-दो दिन भूखा रहा लेकिन हाथ नहीं पसार पाया किसी के सामने। यह उसका दिया संस्कार था। छुट्टियों में हरदा आता तो लगता उसके पास से लौटू नहीं। "मेरो मदन-भोत बिटमाए, भोपाल में–मेरो बस चले नयीं तो रऊँ-बई के पास पूतड़ा का मालूम कब खाये नयीं खाये।"

फिर मनपसन्द भोजन पास में बिठाकर कराती। शादी होने के बाद भी जब भी खाने बैठा थाली के पास बैठी रहती जब तक भर पेट भोजन नहीं हो जाता।

पत्नी को डाँटती–"मरद आये कां कां से बिटमा के, बाको प्रेम से खिलानों।" नौकरी के कई एक से बढ़कर एक अवसर मिले लेकिन कहती, "मेरे आसपास ही रह।" मध्य प्रदेश से बाहर नहीं जाने दिया। जब विक्रय कर अधिकारी बना तो फिर हामी भरी। "नयीं भइया परदेस में नयीं जानो-मेरे आसपास रे।"

मदन आओ?

नहीं आये। बुलवा लें।

बुला ले बाई, मेरे मदन को बुला दे।

यह वार्तालाप है, मेरी पत्नी के और उसके बीच जिसने मुझे 'मदन' नाम दिया था। हाँ एक और नाम दिया था 'बसन्त'। इसलिए कि मैं बसन्त पंचमी को जनमा था। लोग मुझे मेरे रिश्तों और हैसियत के हिसाब से पुकारते रहे लेकिन उसने मुझे 'मदन' ही आजीवन पुकारा। बीमार तो नहीं थी। उम्र निन्यानवे पार कर गयी लेकिन बीमारी का कोई लक्षण नहीं। वही कड़क आवाज़, लेकिन नेह भरी वही चलती फिरती देह जिसे समय ने थका दिया। वही सपने देखने वाली पनीली आँखें जिन्होंने सिर्फ़ संघर्ष देखा, दुःख देखा, और देखा तो वह संसार जो उससे सदैव लेता रहा। इन आँखों में समायी दृढ़ता मैं भूल नहीं पाया।

भीषण संघर्ष, कठोर परीक्षा, कभी-कभी तो ऐसा समय कि दूसरे जून के अन्न की भी कोई आशा नहीं लेकिन उन आँखों में कभी दीनता नहीं झाँकी। झाँकता रहा तो वह पौरुष जिसके सामने दीनता के तमाम अस्त्र खण्डित हो गये। टूट कर बिखर गये। इन आँखों को निरन्तर झरते देखा लेकिन यह झरना स्मृतियों का था। उसके पति को गये तकरीबन पैंतालीस बरस बीत गये लेकिन एक पल के लिए भी उनके सान्निध्य की स्मृति नहीं गयी। वे परिवार में सबसे छोटे थे इसलिए उन्हें नन्हा कहते थे और उसे सब नन्ही भी कहते थे। दादा जी नन्ही कहकर पुकारते थे और अन्य लोग नन्ही बाई। वह थी भी नन्ही। छोटी-सी लेकिन सुगठित और गरिमा से भरपूर देह जो निरन्तर आँच में तपती रहकर कुन्दन की तरह दमकती थी। इस देह ने कभी शीतलता नहीं देखी लेकिन कभी अपने ताप की एवज में अपने परिवार से कुछ नहीं माँगा, किसी से भी कुछ नहीं माँगा।

समय ने जिसे अंगारे ही सौंपे हों, और जिसने इन अंगारों के दाह को ही अपनी नियति मान लिया हो वह कैसे उत्फुल्ल रह लेता होगा? कैसे सबको जोड़कर रख लेता होगा? कैसे अपने व्यक्ति को विगलित कर लोक के दुःख-सुख से जुड़ जाता होगा और कैसे उसका अपना राग लोक राग बन जाता होगा? यह सब सोचता हूँ तो उसके अलावा मेरे आसपास कोई दूसरी छवि नहीं दीखती।

जबलपुर में हूँ। पत्नी का फ़ोन आता है, याद कर रही हैं। चैतन्य हैं लेकिन आप आ जाइए। तुरन्त अपने गाँव हरदा पहुँच जाता हूँ, पहली ट्रेन से। साँझ हो आयी है, गोधूलि की बेला है, बचपन में उसकी गोद में दरवाज़े पर बैठकर गायों का लौटना देखता था, उड़ती धूल के बीच अपने अपने घर लौटती उतावली गायों के झुण्ड को। उनका समूह में रँभाना अभी याद है। वत्सलता कितनी आकुल होती है उसे तभी जान गया था। वे अपने-अपने बच्चों से मिलने चलती नहीं थीं, दौड़ती थीं। ममता की गोद में एक बैठे हुए शिशु का सुकून और ममता की मारी गायों का रँभाते हुए दौड़ना, कैसे दो रूप होते हैं ममत्व के, मैं यह भी जान गया था। तब सड़क पर कारों का कारवाँ नहीं गुज़रता था और वैसी धूल नहीं उड़ती थी जैसी आज उड़ती है, पथरीली धूल जो आँखों को पथरा देती है। उस गोधूलि बेला की धूल की और बात थी। वह आँखों में घुल जाया करती थी।

दरवाज़े को पार कर उस, कमरे में पहुँचता हूँ जहाँ वह लेटी है। पत्नी और बहू बताती हैं 'दादा आ गये'। उस थकी देह में मानों बिजली भर जाती है। 'आ गयो-मदन' मेरो मदन, और मैं उसके अंक में समा जाता हूँ। उसे सब कुछ याद आता है, बार-बार आता है, मेरे सिर पर हाथ फेरती है, रोने लगती है, फिर अपने आँचल में मेरा चेहरा छुपाने का यत्न करती है।

मुझे बचपन की गोधूलि याद आती है। कोई रँभाती गाय पहुँच गयी हो अपने शिशु के पास। बहू और पत्नी की आँखों से आँसू झरने लगते हैं। कैसा है वह पचपन बरस का शिशु जिसके सिर पर वत्सलता हाथ फेर रही है, कैसी है यह ममता जो उमड़ पड़ना चाहती है, भरी बदली की तरह।

उसके आँचल में मुँह छुपा हुआ है। आँखें बरस रही हैं मेरी, और जाने कब पचपन बरस पार हो जाते हैं।

हम पाँच भाई हैं और एक बहिन। मैं सबसे बड़ा हूँ। घर में एक तस्वीर लगी है। जिसमें छह फ़ोटो फ्रेम किये अलग-अलग हुए लगे हैं। छोटे-छोटे छह शिशु एक-एक अलग अलग तस्वीर में एक सिर पर बैठे हैं। पहली तस्वीर मेरी है। बहुत छोटा हूँ, अर्द्धनग्न शिशु, वह बैठा है एक सिर पर। सिर पीछे की ओर है। एक महिला पीठ किये बैठी है और उसके सिर पर मैं मुस्कराता बैठा हूँ। इसी भंगिमा में हम सभी छह भाई बहनों की अलग-अलग तस्वीरें हैं। यही शायद पहली याद है। हल्की सी याद है।

पिता जी फ़ोटोग्राफ़र भी हैं। इसलिए सबसे पहले जब मैं बड़ा हुआ तो इस भंगिमा में उसके सिर पर बैठाकर तस्वीर खींच ली थी। मैं पहले इधर-उधर भाग रहा था। पकड़कर सिर पर उसने बिठाया और पिता जी से कहा। "फोटू जल्दी खींच ले,

मोड़ा रोयेगो।" फिर सभी भाई बहन जब और थोड़े बड़े हुए तो सबकी इसी तरह की तस्वीरें खींची गयीं।

मुझे याद नहीं कि मेरी माँ जिसे मम्मी कहते थे, उनका हमारे लालन-पालन में कितना योगदान रहा। सभी भाई बहनों का जन्म उसने घर पर ही कराया और पैदा होते ही उन्हें अपने संरक्षण में ले लिया। जब बड़ा होने लगा तो घर के काम में हाथ बँटाने लगा। पढ़ने को भेजा तो गुरुजियों को घर पर जाकर कह आयी कि "मेरे मोड़ा को भइया मारना मत डाँटना मत।" 'बड़े कठन को मेरो बेटा है, मतलब बड़ी मन्नतों के बाद बेटा हुआ है। नाम रखा गया' नरबदा परसाद जो अब नर्मदा प्रसाद है। नाम दादा जी ने रखा था, यह माँ नर्मदा की स्मृति है जिसे हम नदी नहीं मानते, माँ मानते हैं। नर्मदा मेरे गाँव से सटकर बहती है और जो कुछ भी होता है उसे उसी की देन मानते हैं। मेरे नाम से जुड़ी कहानी वह सबसे कहती थी। मेरे दादा जी के दो ब्याह हुए। पहली पत्नी की एक मात्र सन्तान, मण्डला में अचानक दिवंगत हो गयी तब उन्होंने संकल्प किया कि जब तक यह सन्तान मेरे पर नहीं लौटेगी, मैं तुझे प्रणाम नहीं करूँगा और जब मैं उनके घर पौत्र के रूप में आया तब उन्होंने नाम रखा नरबदा परसाद।'

स्मृतियाँ और असंख्य स्मृतियाँ। समुद्र की अथाह जलराशि की तरह, आकाशगंगा के असंख्य तारक नक्षत्रों की तरह, रेत के अगणित कणों की तरह, बारिश की बूँदों और कपसीले बादलों के रेशों की तरह, और खेत की मेड़ पर लगे हुए जाने कितने बबूल वृक्षों में उगे पके और अधपके काँटों की तरह।

इन स्मृतियों को पिरोने बैठूँ तो कितना लिखा जायेगा नहीं जान पाता। जान भी कैसे सकता हूँ? अंग का रोम रोम, देह की शिरा-शिरा और मस्तिष्क में हर पल आने वाला विचार, इस सभी में तो वह समायी है।

कहते हैं अपनी-अपनी अस्मिता होती है। कैसे होती होगी? उम्र के पचपनवें पड़ाव में अपनी इस अस्मिता को कैसे उससे पृथक् कर देखूँ?

'सुन रे मदन अब छोड़ आ। तुम सब भाई मिलकर छोड़ आओ। बाबू जी के पास जाऊँगी। सब देख लओ। अच्छे रहो, जैसे अभी मिल जुलकर रहो हो, वेसई रइयो, दुआ भांत (भेदभाव) मत करियो। एक दूसरे के काम अइयो। तुमने ग़रीबी देखी, जा काजे ग़रीबन की मदद करियो, और सुन रे मना तूने भोत दुःख देखो, तू गरीब लड़कन, लड़किन की ज़रूर मदद करिए, और समझी अंजना (मेरी पत्नी), विजया (मेरी बहू) तुम ध्यान रखियो सबको' और भी जाने सब कुछ बोल देना चाहती है।

मैं कहता हूँ, "अभी नयीं जाना सौ पूरे कर लो फिर जइयो।"

"अरे मदन की बातें, तू तो अब छोड़ आ अपने बाबू जी के पास।"

उसने तीर्थ नहीं किये। जब हैसियत बनी तो कई बार कहा, चल तेरे को चारों धाम करा लाऊँ। बोलती थी, "नयीं भइया, मेरे तीरथ तो तुम्हीं हो। अरे आत्मा सो परमात्मा। सब झईं (यहीं) हैं। ग़रीब की मदद कर दो। संसार में जो काम भगवान ने दओ, बाको मन लगाकर पूरा कर दो, तीरथ हो जायेगो। यहाँ लोग भूखन मरें और तुम तीरथ जाओ, पइसा लुटाओ जा (यह) कौन ने कई।"

लेकिन अटल आस्था भगवान के प्रति। रोज़ तीन-चार बार विष्णु सहस्रनाम का पाठ। रोज़ स्नान। रोज़ गोपाल-सहस्रनाम का पाठ और अपने अन्तिम दिनों में अपने कमरे की देहलीज़ से शंकर की पिण्डी को अनवरत निहारते रहना और उनका स्मरण। सब कुछ कण्ठस्थ था। दादा जी कवि थे उन्होंने पद्य में रामायण का संक्षिप्तीकरण किया था। उसे रोज़ गातीं सब बच्चों को साथ लेकर। बरतन माँजती जाती, रोटी बेलती जाती, खेत पर उँगली पकड़कर हम भाइयों को लेकर चलती जातीं और पाठ चलता जाता। जब तक चलती फिरती थी उसने कभी बैठे-बैठे पाठ नहीं किया। काम के साथ भगवान का स्मरण। यह सिलसिला टूटा नहीं।

छोटे-छोटे सभी बच्चों को भजन कण्ठस्थ कराती। हम भाई बहनों को कराये, फिर हमारे बच्चों को। पूरे परिवार के छोटे-छोटे बच्चों को विष्णु सहस्रनाम और भजन कण्ठस्थ हैं। आरती कण्ठस्थ हैं। पूजा में घण्टों बैठे रहना उसे सख़्त नापसन्द था। प्रवचन में भी नहीं जाती थी। उन्हें भगवान को निहारते तो देखा लेकिन उनकी पूजा करते रहकर उनके सामने भजन गाते नहीं देखा। आडम्बरों की उसने ज़िन्दगी भर हँसी उड़ाई, "अरे काम नहीं करोगे तो का जे मूरत तेरो काम करेंगी। बैठ मत भइया, कछु कर, चन्दन लगाने से न तो लछमी घर आये, न सरसती।"

गांधी जी की परम भक्त। दादा जी के साथ पिकेटिंग की, स्वतन्त्रता आन्दोलन में हिस्सा लिया। भगत सिंह की शहादत को याद करती, एक उस समय का गीत सुनाती, जब भगत सिंह को फाँसी लगी थी, "बम केस में पकड़ा गया, मस्ताना भगत सिंह" प्रख्यात गांधीवादी प्रो. महेश दत्त मिश्र की वे भाभी थीं। मेरे दादा और महेश बाबू के पिता जी अट्ठाइस बरसों तक क्रमशः हरदा नगर पालिका के मेम्बर और अध्यक्ष रहे। "क्यों रे महेश, अब का करे, पढ़ाये है (वे प्रोफ़ेसर थे जबलपुर में) अरे पढ़ा बच्चन को जो तूने और जेठ जी ने लड़ाई लड़ी बाके बारे में, आज के लड़का जानेई नयीं कि देश कैसे स्वतन्त्र भयो, हमने का का करो।"

शास्त्री जी ने जब शास्त्री सोमवार चलाया और एक समय भोजन करने की सलाह दी तो वे आजीवन शास्त्री सोमवार करती रहीं।

बड़ा परिवार छह बच्चे, माता पिता, पिता शिक्षक। खेती से कोई ख़ास आमदनी नहीं। दादा जी बिजली दफ़्तर में काम करते, कभी किसी किसी की दुकान पर लिखा पढ़ी करते। अन्न का घोर संकट। लाल अमेरिकी गेहूँ राशन की दुकान पर मिलता। शक्कर नहीं मिलती, खाँड़सारी और गुड़ मिलता। मैं छोटा पाँचवी-छटीं में पढ़ने वाला बालक राशन कार्ड लेकर दुकान पर जाता। सुबह चाय बनती खाँड़सारी शक्कर और थोड़ी सी सफ़ेद शक्कर को मिलाकर। इसे दादा जी कहते 'गंगा जमनी चाय'। कभी गुड़ की थोड़ी थोड़ी चाय।

दादा जी ने कविता लिखी गंगा जमनी चाय पर और उसने सब बच्चों को रटवा दी। हम सब बच्चे गंगा जमनी चाय पीते और कविता मिलकर गाते "प्यार से पी लो भइया गंगा जमनी चाय।"

बच्चों को अनुभव न हो कि घर में कुछ ठीक खाने को नहीं तो पीछे के बाड़े में गिलकी, तोरईं, उगाती। उन्हें तोड़ लातीं सेम की फली खेत से लाती और सबको इक्ट्ठा कर सब्ज़ी बनाती कहती, "देखो जा सगड़ गपोला" की सब्ज़ी है। इसे आजकल मिक्सड वेजीटेबल कहते हैं। "सब खानों, भगवान ने भोत खाने की चीज़ बनायी हैं।"

दादा जी कभी-कभी बाज़ार से फल ले आते। एक-एक फाँक सबको बाँटती। कभी-कभी ड्राई फ्रूट भी लाते सब बच्चों को दो-दो तीन-तीन काजू बाँट देते।

वह भोजन अब कहाँ मिलेगा? थुली, ज्वार की रोटी, घाटा (मोटे आटे में थोड़ा गुड़ या शक्कर) या सगड़गपोला, गीला और फरका बेसन, चने की भाजी और कनकौआ के पत्तों के भजिये बरसात में। सुबह नाश्ता भी होता था। आटे के बिस्कुट घर में बनाती। बड़ा होने पर मैं सिन्धी काका की दुकान पर आटा लेकर जाता और बिस्कुट बनवा लाता था। गंगा जमनी चाय और बिस्कुट।

और हाँ! बरसात होती तो घर टपकता। सब बच्चों को एक बर्तन थमाकर ड्यूटी लगाती कि तुम जहाँ-जहाँ पानी टपक रहा है वहाँ-वहाँ एक बरतन रख दो। एक बरतन भरता तो दूसरा रखते। टीन की छत थी। पानी टपकता तो उसे 'ओलतन' कहते। उसके नीचे बरतन को रखते और उसमें भरे पानी से नहाते थे। स्कूल जाना होता, बरसाती नहीं तो टाट के बोरे को उलटकर पहना दिया जाता। पैरों में जूते नहीं तो उन दिनों बाज़ार में टायर की बनी चप्पलें मिलतीं। नाप देखकर हज़ारी काका बना देते थे। वह टायर की चप्पल और उल्टे बोरे की बरसाती। इसी तरह बोरे के बस्ते। सब भाइयों में दो-दो बरस का अन्तर था। साथ-साथ स्कूल जाते और लौटते। जत्रा पड़ाव के स्कूल में। कभी कभी भारी बारिश में छोड़ने जाती। पट्टे की चड्ढी

और हाफ शर्ट। हाफ शर्ट को बिस्कोट या मनीला कहते थे। पिता जी के पट्‌टे वाले बड़े पाजामे की दो-तीन चड्डियाँ बनती थीं।

"अरे मना! पानी पिला दे भइया, भगवान ने कैसो करो उठते नयीं बने। ज़िन्दगी भर काम करो अब पानी माँगन पड़े" पास बैठा हूँ। पत्नी और बहू उठाकर बिठा देती हैं। थोड़ा रस पिलाती हैं। हँसती है, काय रे अब तू रस पिला रओ, ज़िन्दगी भर पानी पिओ, पानी पिला दे। और सुनो री जब जाऊँ तो मुँह में गंगाजल और तुलसी डाल दइयो :

रस पीकर फिर लेट गयी।

"आँखन से बेटा दिखे तो पर इत्तो अच्छो नहीं दिखे। तूने चश्मा लगवा दओ तो थोड़ो फरक पड़ गओ।" तुम सबको तो पहिचान लेती हो, अच्छी हैं आँखें। "पैंचानू कैसे नयीं। छोटे से बड़ों करो है, अरे आवाज़ से पैचान लऊँ।" पूरा परिवार उसके आसपास घिर आया है। रामायण पढ़ रही है पत्नी। रामायण हर रात को पढ़ी जाती। मम्मी का कण्ठ अच्छा है। सब उन्हें घेरकर बैठ जाते। वे रामायण पढ़तीं चौपाइयों का अर्थ बतातीं। रामायण के मर्म से बच्चे तभी परिचित हो गये थे।

स्मृतियों का यह ऐसा भँवर है कि शब्द कम पड़ जायें, कुछ ऐसी घटनाएँ हैं कि उन्हें व्यक्त करने के लिए भाषा की असहायता पर तरस आये, इसलिए समझ नहीं पाता कि इन अनुभवों को और कितना विस्तार दूँ?

मुझे लगता है कि किसी व्यक्तित्व में इतनी ऊर्जा होती है, इतनी जीवन शक्ति होती है कि वह अपने समय की चुनौतियों से मुठभेड़ करने के लिए हमेशा तत्पर रहता है और उसकी यही जीवन शक्ति उसके सोच को इतना व्यावहारिक बना देती है कि वह तमाम तरह के आडम्बरों और पाखण्डों से अपने आपको मुक्त कर लेता है। उसकी आस्था कर्म के प्रति होती है और यही आस्था प्रतिष्ठित कर देती है, पाषाण में जीवन के स्पन्दन और सूखे बीजों में ऐसी अंकुरण क्षमता कि जो देखते देखते लहराते छतनार वृक्ष बन जाते हैं।

उसके ऊर्जा से भरे जीवन को देखकर लगता रहा कि आस्था में कितना बल होता है बशर्ते वह कृत्रिम न हो, समर्पण से भरपूर हो। ऐसी आस्था व्यक्ति को निस्पृह बना देती है। वह पूरी तरह अपने स्व को त्याग देता है। लोक के सुख और दुःख उसके अपने सुख और दुःख बन जाते हैं।

उसने कभी अपने नातियों के विवाह के अवसर पर कुछ भी नहीं माँगा। समधियों से अपने लिए एक साड़ी तक की अपेक्षा नहीं की। कहती रही जैसे मेरे ये बेटे वैसे ये बेटियाँ। वह हमेशा प्रार्थना करती कि घर में उसके पोती हो।

जिसे हम अधुनातन बोध कहते हैं वह ऐसे ही समर्पण और आस्था से आता है। उसके लिए शिक्षागृह बेमानी हैं।

बड़े गर्व से कहती थी, 'वकील की बेटी हूँ', 'कोई बात तो करे मोंसे' उसके पिता जी अपने समय के प्रतिष्ठित वकील थे।

"सुन रे मना तू विष्णु सहस्त्रनाम को पाठ कर दे, शुद्ध सुनइए अपन सब मिलके करेंगे और सुन सद्दा, तू मोंए भजन सुना दे।"

मैं स्नान कर आता हूँ। परिवार उसे घेरे बैठा है। मैं पाठ आरम्भ करता हूँ।

"शान्ताकारम् भुजगषयनम्..." वह ऊँचे स्वर में इन सबके साथ स्वर मिला रही है। आधे घण्टे बाद पाठ समाप्त होता है।

उसने पूरे परिवार को भर आँख निहार लिया है। आँखें मूँद ली हैं। कुछ बोल नहीं रही। पत्नी थोड़ा रस पिलाती है। वह संकेत से कहती है सब सो जाओ।

हमारी आँखों में नींद नहीं है। भोर के पाँच बजे हैं। छोटी बहू मंजू को तेज़ साँसों की आवाज़ सुनाई देती है वह उनके कमरे में जाती है फिर मेरी पत्नी को, हम सबको बुला लाती है। हम उसके आसपास हैं। पत्नी ने उस गंगाजल के कलश को निकाला जो उसने रात को दिखाया था। तुलसी की पत्ती और गंगाजल उसके मुँह में डाला वह निगल गयी और फिर धीरे-धीरे श्वास थम गयी। चिकित्सक को बुलाना एक औपचारिकता थी जिसे पूरा कर लिया गया लेकिन उसने जब गंगाजल गुटका मैं तभी समझ गया कि महायात्रा शुरू हो चुकी।

सब सिसकने लगे। विलाप करने के लिए वह मना कर गयी थी। फिर उसकी टूटी पेटी खोली गयी, उसके द्वारा सहेजकर इस अवसर पर पहनाने के लिए साड़ी नतबहुओं ने स्नान कराकर पहना दी। धीरे-धीरे सब रिश्तेदार जुट गये। अन्तिम यात्रा आरम्भ हो गयी। उसे घर से अब अन्तिम रूप में ले जा रहे हैं याद आया, कहती थी "जा घर में खड़ी होके आयी हूँ, आड़ी होकेई जाऊँगी" वह जा रही है। मैं सबसे आगे हूँ। रास्ता वही है जिस पर बचपन में उसकी उँगली पकड़ कर खेत जाया करता था। आज भी यही लग रहा है कि मैं उसके साथ खेत पर ही जा रहा हूँ। उड़ावनी पूरी होगी तो लौट आऊँगा उसके साथ लेकिन जब अकेला लौटा हूँ उसे बिदा कर तो उसे दिया वचन टूट गया है।

आँखों में समाये आँसुओं ने तटबन्ध तोड़ दिये हैं। कानों में आवाज़ आती है,

'क्यों रे मदन तूने मेरो कहनो आखिर नयीं मानो।'

●●

ज्योति कलश छलके

विश्वनाथ जी के फ़ोन ने बड़ी पुरानी स्मृति जगा दी। शायद दो दशक से ज़्यादा बीते तब पुणे में एक बारात में गया था। अनुज के साले गोविन्द की बारात में। वहाँ देखा हमारे स्वागत में तत्पर थे स्व. सुधीर फड़के। वे गोविन्द के श्वसुर के बचपन के मित्र थे। अनायास मैंने सुधीर जी से आग्रह किया, 'ज्योति कलश छलके' सुनाने का और वे वहीं छोटे से कमरे में बड़ी तन्मयता से वे इसे सुनाने लगे। 'ज्योति कलश छलके' के संगीतकार से इस गीत को सुनना जीवन की धरोहर बन गया। वे जब रुके तो उनके ओठों पर मुस्कान थी और आँखों में आँसू, गीत का अन्तिम अन्तरा याद आया :

अम्बर कुमकुम कण बरसाए
फूल पंखुड़ियों पर मुस्काये
बिन्दु तुहिन जल के...

सुधीर फड़के, फूल की पाँखुरी की तरह कोमल ऐसे ज्योति कलश थे जिनसे संगीत की ऐसी रसधार छलकी कि स्वर शारदा, लता जी का स्वर पाकर वह ऐसी ज्योति में बदली कि आलोक नाम की संज्ञा धन्य हो गयी।

ज्योति, सूरज की बपौती नहीं है, और न ही प्रकाश ज्योति का पर्याय है। सूर्य का प्रकाश, भौतिक अन्धकार से पार पाने का सम्बल भर है जबकि ज्योति तन और मन को उजास से जगमगा देने वाला संकल्प। ऐसे संकल्प पुरुष ही तो ज्योति कलश हैं। सूर से बड़ा कौन ज्योति कलश होगा जिनकी निरंजनी आँखों ने कृष्ण की वे भंगिमाएँ देखीं कि वात्सल्य का एक नया रस जन्म गया। वात्सल्य के इसी वैराट्य को तो पण्डित नरेन्द्र शर्मा इस गीत में बाँध गये :

ज्योति यशोदा धरती मैय्या
नील गगन गोपाल कन्हैया
श्यामल छवि छलके...

ज्योति के कलशों से इस देश के इतिहास की दीवारें सजी हैं। इतिहास की दीवारों पर सजे ये ज्योति कलश, ज्योति की धार को छलकाते हुए, इस देश के भविष्य के स्वर्णिम पथ को प्रशस्त करते आये हैं। ऋचाएँ वे ज्योति थीं जो छलकीं वैदिक ऋषियों के कण्ठ से, 'अप्पो दीप भव', 'अपने दीपक ख़ुद बनो' के स्वर वास्तव में ऐसे ज्योति रूप थे जो फूटे बुद्ध की वाणी से, अजन्ता की भित्तियों पर उकेरे रंग और खजुराहो के पत्थरों पर कलाकार की छेनी से उरेही अप्सरा न कोई चित्र थे, न शिल्प बल्कि अखण्ड ज्योतियाँ थीं जो प्रज्वलित हुईं अक्षुण्य किरनों की तरह और कभी मन्द न होने के संकल्प के साथ सदैव के लिए दीप्त हो उठीं। यह ज्योति क्षीण नहीं हुई, बल्कि रामायण के श्लोकों, मीरां के पदों, तुलसी की चौपाइयों और रसखान के छन्दों से लेकर कबीर की बैलोस फटकार तक में गूँज उठीं।

ज्योति का ऐसा गुंजन शायद विश्व में कहीं नहीं हुआ।

यह एक छोटी सी बानगी है ज्योति की, ज्योति कलशों की। लेकिन आज मुश्किल यह हो गयी कि ये ज्योति कलश इतिहास में तो सागर के तट पर चमकती असंख्य सीपियों की तरह दिखाई दे जाते हैं लेकिन वर्तमान की बंजर मरुभूमि पर इन कलशों का दिखई पड़ना दुर्लभ हो गया।

आज कलश तो हैं, कहने को वे अपने आपको ज्योति कलश कहते हैं लेकिन उनसे छलकता है, अन्धकार। ये ज्योति कलश नहीं हैं, तमस पात्र हैं। इन कलशों में उजास नहीं भरी, ये तो तमस से पूरित हैं। ये छद्म ज्योति कलश हैं और असंख्य हैं। बमुश्किल एकाध ज्योति कलश ऐसा दिखाई देता है जिसने कभी रामेश्वरम् के तट पर नारियल का प्रसाद बेचते अपनी अस्मिता गढ़ी और फिर उपलब्धियों को अपनी अंजुरी में भर उनसे राम द्वारा प्रतिष्ठित इस ज्योर्तिलिंग का अभिषेक कर दिया।

पिछले दिनों पूर्व राष्ट्रपति अब्दुल कलाम साहब के छोटे से ताड़ियों के दरवाज़े वाले घर के सामने रामेश्वरम् में खड़े होकर मुझे यही सब कुछ याद आया था।

ज्योति का स्मरण करो तो बहुत कुछ याद आने लगता है। ज्योति के पर्याय ऐसे ज्योति व्यक्तित्व याद आने लगते हैं जिन्होंने अपने कृतित्व की उजास से इतिहास के उजले अध्याय रच दिये। लेकिन यह सब सिर्फ़ याद भर आकर रह जाता है। इनका स्मरण इनसे जुड़े अवसरों पर आता है फिर सिर्फ़ कण्ठ की वाचालता तक यह स्मरण सीमित हो जाता है, यह हमारे स्वयं के कर्म में बदल नहीं पाता। ज्योति की ऊर्जा के ज्योर्तिमय रूपान्तरण पर विराम लग गया। यह विराम कैसे हट पाये आज का यही सबसे बड़ा प्रासंगिक और यक्ष प्रश्न है।

ऐसा भी नहीं है कि यह विराम पूरी तरह लग गया हो। यह पूरी तरह नहीं लगा। यह विराम लगा है तो उन पर जिन पर हमारा भाग्य गढ़ने का दायित्व है। कुछ अपवाद हैं लेकिन वे अपवाद ही हैं और इतिहास में ऐसे चमत्कार बिरले होते हैं जब अपवाद भाग्य बदल दें या उसे इस रूप में गढ़ दें कि वह सौभाग्य बन जाये। आज की नयी पीढ़ी ज़रूर भरोसा दिलाती है लेकिन उसकी प्राथमिकताओं और प्रतिबद्धताओं को बदला जा रहा है। उसे व्यक्तिपरक बनाने के प्रयास हो रहे हैं जबकि उसे व्यक्तिव्यंजक बनाने के जतन होने चाहिए। जब यह पीढ़ी व्यक्तिव्यंजक बनेगी तभी तो उसकी दृष्टि समग्र होगी, संकुचित नहीं होगी और तभी वह कल के सपने सच कर पायेगी, तभी पूरी धरती का मुख उज्ज्वल हो सकेगा, इस गीत की ये पंक्तियाँ इसी आशा के साथ लिखी गयी हैं

पात पात बिरवा हरियाला
धरती का मुख हुआ उजाला
सच सपने कल के

लेकिन विडम्बना यह है कि यह आशावाद सिर्फ़ अक्षरों तक सीमित होकर रह जाता है।

अक्षर, कर्मण्यता के आलोक में नहीं बदलते। हर युग के प्रतिष्ठित कवि की नियति यही रही है कि उसकी कविता, कालजयी तो मान ली जाती है लेकिन वह काल की नियति नहीं बदल पाती। यह कविता कण्ठों में बसी भर रह जाती है, करों में समाकर कुछ निर्मित करने का यत्न नहीं कर पाती। वास्तव में यह कविता की विवशता नहीं है, करों का दोष है। उपनिषद्‌कार ने सदियों पहले पुकार लगायी थी :

असतो मा सद्‌गमय। तमसो मा ज्योतिर्गमय। मृत्योर्मामृतं गमय।

मुझे अवास्तविक से वास्तविक की ओर ले चलो, अन्धकार से ज्योति की ओर ले चलो, मृत्यु से अमरत्व की ओर ले चलो। लेकिन कविता की यह पुकार आज भी केवल पुकार ही है। हम पुकार का स्मरण भर कर लेते हैं, इस पुकार को सुन्दर हर्फों में लिखकर उसे ख़ूबसूरती के साथ टाँग देते हैं, उसका गान कर लेते हैं लेकिन इस पुकार में जो आह्वान है उसे नहीं सुनते इस पुकार में जो अन्तरनिहित है उसे साकार करने का यत्न नहीं करते। परिणाम यह होता है कि यात्रा अँधेरे में अँधेरे की ओर होती है, और ज्योति के पथ सूने रह जाते हैं। इन हालातों में कवि की यह आकांक्षा कैसे पूरी होगी?

घर आँगन वन उपवन उपवन
करती ज्योति अमृत के सिंचन
मंगल घट ढलके

मुझे लगता है कवि ने इतनी दिव्य कल्पना को मूर्त रूप में देख पाने की बलवती आकांक्षा पाल ली।

उषा ने आँचल फैलाया
फैली सुख की शीतल छाया
नीले आँचल के

इसे आकांक्षा कहें, कवि का स्वप्न कहें, हैं बड़े मोहक लेकिन इन्हें मूर्तरूप लेने में कितना समय लगेगा? कौन जानता है?

कवि के सपने यदि उसकी आकांक्षा के मुताबिक सच होने लगते तो फिर कवि, कवि नहीं होता, वह भगीरथ होता जो स्वर्ग से अपने सपनों की गंगा को धरती पर उतार लाया था।

बहुत भोला होता है कवि, बड़ी जल्दी विश्वास कर लेता है, बड़ी जल्दी सपने बुन लेता है। वह भेद नहीं कर पाता ज्योति घटों में। कभी तुलसी ने इन ज्योति घटों को, जिन्हें वे कनक घट कहते थे पहचानने की कोशिश की थी :

मन मलीन तन सुन्दर कैसे
विष रस भरा कनक घट जैसे

ज्योति पर्व पर इन ज्योति कलशों के बारे में विचार करते यहीं सब कुछ सोच रहा हूँ। कैसे ऐसे ज्योति कलश फिर दीखने लगें जो बाहर और अन्दर दोनों ओर से ज्योर्तिमय हों, जो तमस से नहीं ज्योति से पूरित हों और जो छलना न हों, मरीचिका न हों, भ्रम न दें ज्योतिघट का।

दीपपर्व ऐसे ही सच्चे ज्योति कलशों को भविष्य की दीवार पर सजाने का साक्षी बने ताकि कहा जा सके कि इतिहास अपने आपको दोहराता है, ये ज्योति कलश वर्तमान के आँगन में भी सजें ताकि इस युग का कवि आश्वस्त हो सके कि उसकी आकांक्षा मूर्त रूप भी ले सकती है और उसका यह लिखना सार्थक हो जाये,

ज्योति कलश छलके
हुए गुलाबी, लाल, सुनहरे

रंग बादल के
उषा ने आँचल फैलाया
फैली सुख की शीतल छाया
सच सपने कल के
ज्योति कलश छलके

••

तुम नहीं दिखे नगाधिराज

हाल में मसूरी से लौटा हूँ। उत्तरांचल सपत्नीक गया तो इस आशा था कि बद्री, केदार, यमनोत्री, गंगोत्री हो आऊँगा लेकिन भारी वर्षा और पहाड़ों की टूटन ने रास्ता रोक दिया और देहरादून से मसूरी जाना हो गया। मसूरी में बताया गया कि मसूरी की उच्चतम उत्पत्यका से हिमाच्छादित नगाधिराज के दर्शन हो सकते हैं और यदि वहाँ से नहीं हुए तो पास ही में धनोल्टी है, वहाँ से तो पर्वतराज की बर्फ़ीली चोटियाँ आसानी से दीख पड़ जायेंगी।

हिमालय हमारे संस्कारों की आधारभूमि भी है और उच्चतम शिखर भी। उसकी छवि काल के तमाम आरोहों और अवरोहों के बीच पीढ़ी-दर-पीढ़ी हमारे मन, मानस में विद्यमान रहती आयी है, फिर चाहे इस छवि को हमारे माता-पिता ने गंगा का स्मरण करते, तीर्थों की महिमा का बखान करते या ऊँचाई का अर्थ समझाते हमारे बाल मन में रोप दिया हो या जब हम बड़े हुए तो कालिदास से लेकर दिनकर तक ने इसका गौरवगान करते हमें अभिभूत कर दिया हो। इसलिए हिमालय, हमारी अस्मिता से कुछ इस तरह जुड़ गया कि हरेक आँख की आकांक्षा बनी रही कि वह अपने इस अजेय हिमपति को एक बार निहार ले।

ये आँखें भी क्या हैं? आकुलता, अधीरता और अनन्त आशाओं की जननी, अतृप्ति की अवतार और अखण्ड आस्था के जल को अपने में समेट लेने वाले ऐसे घट जो कभी रीतते नहीं। इन्हीं आँखों को लिए हम उसकी तलहटी में दौड़ते रहे और उन आँखों को याद करते रहे जो इस उत्तुंग हिमगिरि को निहारती रही होंगी। याद आये कालिदास जिन्होंने हिमालय को इस देश की पहचान के रूप में स्थापित किया :

अस्युत्तरस्याँ दिशि देवात्मा हिमालयो नाम नगाधिराज:!
पूर्वापरौ तोयनिधी वगाह्य स्थित: पृथिव्या इव मानदण्ड:।।

(उत्तर दिशा में देवता स्वरूप हिमालय नामक पर्वतों का राजा पूर्व और पश्चिम के समुद्रों में प्रविष्ट होकर पृथ्वी के मानदण्ड की तरह विद्यमान है।)

और याद आये दिनकर जिनकी पंक्तियों ने सदैव हर भारतीय को अपना वक्ष उन्नत बनाये रखने की प्रेरणा दी तथा हिमालय को इस देश के पौरुष और गौरव के अखण्ड प्रतिमान के रूप में स्थापित कर दिया :

मेरे नगपति! मेरे विशाल!
साकार, दिव्य, गौरव विराट,
पौरुष के पुंजीभूत ज्वाल!
मेरी जननी के हिमकिरीट
मेरे भारत के दिव्य भाल!
मेरे नगपति! मेरे विशाल!

हम हिमालय के दर्शन के लिए भटकते उसके इसी अतीत और इसी काव्य में डूबते-उतराते रहे लेकिन नगपति नहीं दिखाई दिये। वे छुप गये धुँध में! जहाँ दृष्टिपात करते वहाँ सिवाय सफ़ेद धुँध के कुछ नहीं दिखाई देता। वाहन चालक से कहते कि दिखाओ हिमालय को और वह हमें ऊँचाइयों पर ले जाता, हमसे यह भी कहता कि हम हिमालय की पहाड़ियों में ही हैं और जहाँ घूम रहे हैं वह उस हिमालय से भी पुराना है जिसे हम देखना चाहते हैं लेकिन मन नहीं मानता था। हम तो उस नगपति को निहारना चाहते थे जिसके हिमाच्छादित शिखर और लम्बी फैली उपत्यकाएँ हमारी बन्द आँखों में जीवन्त बसी थीं, लेकिन नगाधिराज नहीं दिखाई दिये।

हम अन्ततः अपनी धरती पर लौट आये, सोच लिया कि हमारे लिए नगाधिराज खुली आँखों के पर्वतराज नहीं हैं, वे केवल हमारी बन्द आँखों की धरोहर हैं।

लौटकर सोचने लगा तुम क्यों नहीं दिखे नगाधिराज?

क्या इसलिए कि इस युग में तुम हमारे जैसों की पहुँच से बाहर बने रहना चाहते हो ताकि धरती पुत्र यह कह न सकें कि उन्होंने भी ऊँचाई देखी है?

क्या इसलिए कि ऊँचाई, ऊँचाई होती है और हर नीचाई को यह सच मालूम होना चाहिए कि उसके पास आँखें भले हों लेकिन उनसे निहारने के अधिकार सीमित हैं?

क्या इसलिए कि आज के ज़माने की रीत अपनाते हुए तुम भी यह मान बैठे कि तुम्हें निहारने का अधिकार सिर्फ़ ऊँचों को है, ऐसे ऊँचों को जो वास्तव में बौने हैं और जाने कितने असंख्य कन्धों पर चढ़कर ऊँचे बने हुए हैं?

क्या इसलिए कि तुम दिख जाओगे तो तुम्हें देखकर वे लोग अपने आप को पवित्र मानने लगेंगे जिनके तुम्हें पवित्र मान लेने से कहीं तुम्हारा तथाकथित स्वाभिमान घट जायेगा?

क्या इसलिए कि शिखर कभी चाहते नहीं कि कोई उन्हें निहारकर उन तक पहुँचने की आकांक्षा पाल ले या कोई भूमि पुत्र यह संकल्प न ले ले कि वह भी अपने धरातल से उठकर तुम तक पहुँच सकता है?

क्या इसलिए कि तुम तेनसिंह और हिलेरी जैसे जीवट पौरुष की पदचापों से सदैव भयभीत रहते हो?

क्या इसलिए कि तुम चाहते हो कि विसंगतियों से भरपूर यह धरती ही हमारी नियति बनी रहे और हमारे कदम उस स्वर्ग की ओर न जा पायें जिसके रास्ते तुम्हारे शिखरों से होकर जाते हैं और जिसे तुमने कुछ चुनिन्दा लोगों के लिए आरक्षित कर रखा है?

और क्या इसलिए नगपति कि कहीं हमारी आहट से तुम्हारे कठोर हृदय पर जमी वह बर्फ़ न पिघलने लगे जिसे देखकर तुम्हारे कोमल होने का भ्रम आज तक हमें होता आया है?

यही सब विचार करते मुझे यह लगता रहा है कि शायद इसीलिए तुम नहीं दिखे नगपति। मेरा यह सोचना वाजिब है क्योंकि मैंने जिस समय में जन्म लिया है वह यही सब सोचने को विवश करता है और मुझे ही क्यों, मेरे अपने समय के बुज़ुर्गों को भी यही विचार करने पर मजबूर करता रहा कि नगाधिराज कहीं अखण्ड चिर समाधि में तो नहीं बैठे? कहीं वे महाशून्य में किसी जटिल समस्या का निदान तो नहीं खोज रहे?

कैसी अखण्ड यह चिर समाधि?
यतिवर! कैसा यह अमर ध्यान?
तू महाशून्य में खोज रहा
किस जटिल समस्या का निदान?
उलझन का कैसा विषम जाल?
मेरे नगपति मेरे विशाल!

अपने बुज़ुर्गों की तुलना में मेरा सोच ज़्यादा तिक्त है, कटु है। शायद इसलिए कि इस देश में ज्यों-ज्यों समय आगे बढ़ता गया, दरारें भी बढ़ती गयी हैं, हर पीढ़ी के लिए रास्ते और दुर्गम तथा संघर्ष और विकट होते चले गये हैं।

दरार, दुर्गमपथ और संघर्ष, अभिव्यक्ति को तरल नहीं बनाते बल्कि इनके कारण पानी पत्थर हो जाता है, इसलिए नगाधिराज मेरी इस अभिव्यक्ति को कहीं कुण्ठा मत समझ लेना। यह मेरी सहज, स्वाभाविक वाणी है जिसे मैं कभी-कभी अपनी कविता भी कह लिया करता हूँ।

मुझे यह भी लगता है दक्षनिकेत कि तुम शायद दिनकर के उस आह्वान से भरे वाणी निनाद को अनसुना करने का यत्न कर रहे होगे जो उन्होंने तुम्हें जगाने के लिए किया था और अपनी तन्द्रा में डूबे तुमने इस ओर ध्यान ही नहीं दिया कि कुछ उत्सुक आँखें तुम्हें उस धुँध के बीच भी खोज रही हैं जो तुमने अपने आसपास इसलिए लपेट रखी है ताकि तुम्हें कोई इस तन्द्रा से उठा न सके। मेरी आँखें तुम्हें भले न देख पायी हों लेकिन मेरे कानों में दिनकर का यह आह्वान सदैव गूँजता रहता है

तू तरुण देश से पूछ अरे,
गूँजा कैसा यह ध्वंस राग?
अम्बुधि-अन्तस्तल-बीच छिपी
यह सुलग रही है कौन आग?
प्राची के प्रांगण-बीच देख,
जल रहा स्वर्ण-युग अग्नि ज्वाल,
तू सिंहनाद कर जाग तपी!
मेरे नगपति मेरे विशाल!

गिरिराज, तुम मेरी वाणी ध्यान से सुनो क्योंकि तुम भले दिखाई नहीं दिये लेकिन मैं तुम्हें वह सब कुछ तो सुनाऊँगा ही जो मेरे मन में है। यह सुनाना मेरी विवशता भी है। विवशता इसलिए कि यदि तुम दिखाई दे जाते तो मन की बर्फ़ आँखों के मार्फत पिघलकर तुम्हारे चरणों में बिछ जाती और ओठों को खुलने के लिए कोई अवसर नहीं मिलता लेकिन तुमने यह बर्फ़ पिघलने ही नहीं दी।

गिरिवर, तुम्हें शायद मेरी यह अभिव्यक्ति, प्रार्थना या अभ्यर्थना नहीं लग रही होगी क्योंकि यह एक ऐसे भक्त का स्वर है जो काँटों से भरपूर लम्बे पथ को पार कर जिस मन्दिर में दर्शन करने आया उस मन्दिर के कपाट उसे बन्द मिले और उसकी प्रतीक्षा भी व्यर्थ गयी। आस्था पर होने वाला आघात बड़ा मर्मांतक होता है, क्योंकि आस्था के पास, सिवाय आस्था के कोई सम्बल नहीं होता। तार्किक के पास तो तर्क की आधारशिला होती है टिकने के लिए।

वैसे मेरे पूर्वजों ने तुम्हारे बहुत स्तुति गान किये हैं, हर युग में और इतने कि उनकी गिनती करना मेरे लिए सम्भव नहीं है। ये प्रार्थनाएँ, स्तुतियाँ और आराधनाएँ मुझे अभिभूत तो करती हैं लेकिन कुछ देर के लिए और फिर मैं तुम्हारे स्वप्निल अस्तित्व का स्मरण कर अपनी पथरीली धरती पर लौट आता हूँ।

मुझे बार-बार लगता है कि तुम्हारे चुम्बकीय अस्तित्व ने मेरे पूर्वजों की हर पीढ़ी को अपने मोहपाश में बाँधा है फिर वे पूर्वज चाहे अनास्थावादी राहुल सांकृत्यायन रहे हों या आस्था से भरपूर हजारी प्रसाद द्विवेदी। इनमें से एक ने अपने पगों से तुम्हारे अधिकांश रास्तों पर चलकर विद्या के अथाह भण्डार को ढोया और फिर उसे पूरे विश्व के सामने अपनी पूरी आभा के साथ प्रस्तुत कर दिया और दूसरे ने तुम्हारे पूरे इतिहास को खोजा और फिर उसके बहुआयामी स्वरूप को हमारे सामने जब रखा तब हम जान पाये कि तुम्हारी वास्तविक व्यंजना क्या है?

आचार्य द्विवेदी ने लिखा–"हिमालय शिव-पार्वती की विहान-भूमि है, नर-नारायण की तपोभूमि है, यक्ष-किन्नर-गन्धर्व-विद्याधरों का निवास है। सहस्त्र-सहस्त्र ऋषि-मुनियों की आश्रम-भूमि है, गंगा-यमुना-ब्रह्मपुत्र-सिन्धु-सरस्वती की उद्‌गम भूमि है। हिमालय की दो कन्याएँ पार्वती और गंगा हैं और गंगा की सात धाराएँ तीन पश्चिम की ओर, तीन पूर्व की ओर और एक मध्य-देश को पवित्र और समृद्ध बनाती हैं। गंगा वस्तुतः भारत की सभी नदियों का नाम है। मध्य-देश की गंगा वह मूल स्त्रोत है जो भगीरथ राजा की अक्लान्त तपस्या से धरती पर उतरा है। पार्वती और गंगा हमारे अस्तित्व का ही मेरुदण्ड हैं। हमारे भीतर और बाहर जो कुछ उत्तम है, जो कुछ सुन्दर है, जो कुछ पवित्र है उसको प्रतीक-रूप में पार्वती और गंगा व्यक्त करती हैं।" द्विवेदी जी ने वैदेही सीता को भी हिमालय से जुड़ना पाया है।

वे कहते हैं, "यदि एक बार भारतवर्ष के रक्षात्मक साहित्य से उन उपकरणों को हटा दीजिए जो इस देवतात्मा नेगाधिराज के प्रसाद के रूप में हमें प्राप्त हैं और देखिए कि वह कितना अकिंचन हो जाता है। आपको ऐसा करते समय हिमालय-दुहिता पार्वती को खो देना पड़ेगा जो भारतीय नारी का आदर्श है, सतीत्व की मर्यादा है, तपस्या का मूर्तिमान विग्रह है और पातिव्रत की विजय ध्वजा है। आपको गंगा को, यमुना को, सरयू को, ब्रह्मपुत्र को और न जाने कितनी नदियों को भुला देना पड़ेगा जो हमारे जीवन को सरस, पवित्र और आनन्दोल्लसित कर रही हैं आप गन्धर्व, यक्ष, किन्नर, सिद्ध, विद्याधर और देवयोनि-जात विचित्र रसपोषक तत्त्वों से वंचित रह जायेंगे जो हमारे कवियों और कथाकारों को सरस अभिप्रायों को सुलभ किया करते हैं और उचित अवसरों पर विचित्र उपादानों से साहित्य और शिल्प

को समृद्ध करते रहते हैं। तब आपके हाथों में रसहीन, वैचित्र्य-वंचित एक ऐसा मरुकान्तार रह जायेगा, जहाँ मानसरोवर की धवल तरंगों में विलास करने वाले स्वर्ण कमलों के कषाय अंकुर को कुतरने वाले राजहंस लापता हैं, कलक्रेंकार से वर्षा-काल को कोलाहल-मुखर करने वाले क्रौंच-युगलों का अभाव है, आसिंजित-नूपुर वाम चरणों के आघात के शौक़ीन झबरीले स्तबकों वाले अशोक पुष्प का चिह्न नहीं है और वे सैकड़ों महर्षि-रत्न ग़ायब हैं जो अलंकरण को बहुमूल्य और प्रकरण को अमूल्य बना देते हैं।

हिमालय के प्रसाद से वंचित भारतीय साहित्य में काम्यक वन नहीं होगा, कनकपुरी ग़ायब हो जायेगी, कैलास और कामाख्या-पीठ निकल जायेंगे, कदली वन लुप्त हो जायेगा, सौन्दर्य, शालीनता और सौकुमार्य के केन्द्र तिरोहित हो जायेंगे। जिन तत्त्वों ने हमारे साहित्य को अपूर्व रस-सामग्री से मण्डित किया है और हमारे चित्त को अजाने उल्लास से अकारण कम्पित, आलोड़ित बनाया है वे हिमालय की कृपा से ही प्राप्त हैं। उनके अभाव में साहित्य नीरस हो जायेगा, शिल्प वीरान हो जायेगा, ललित कलाएँ विकलांग बन जायेंगी।

...हिमालय केवल पृथ्वी का मानदण्ड ही नहीं है, वह हमारी अनादिकाल से चली आती हुई सांस्कृतिक परम्परा की उत्स भूमि है। भारतवर्ष का जो कुछ श्रेष्ठ है, महान है, गौरवास्पद है, उसका आश्रय है। हिमालयहीन भारतवर्ष उसी प्रकार हो जायेगा जैसे मस्तिष्कहीन मनुष्य। हिमालय हमारा अविच्छेद्य अंग है, ऐसा अंग जो हमारी समस्त सत्ता का भण्डार संचित रखे हैं।

...हिमालय है, सदा रहेगा, हमारा रहेगा क्योंकि वह है इसलिए हम हैं, हमारी देवतात्मा संस्कृति है...!"

मैं आचार्च श्री के द्वारा की गयी नगपति की इस आराधना से अभिभूत तो हूँ, सहमत भी हूँ कि हिमालय के कारण हम हैं, हमारी देवतात्मा संस्कृति है लेकिन नगपति के न दिखने से जो व्याकुलता मन में भर आयी उसे मैं व्यक्त करने से रोकूँ कैसे? मुझे लगता है कि नगपति कहीं निद्रामग्न तो नहीं हो गये और इसीलिए मौन हैं? मैं चाहता हूँ कि गिरिराज एक बार अपना मौन त्यागें और आज के उस समय पर भी विश्वास करें जहाँ कहीं न कहीं तप आज भी मौजूद है :

ले अंगड़ाई हिल उठे धरा
कर निज विराट स्वर में निनाद।
तू शैलीराट हुंकार भरे
फट जाये कुहा, भागे प्रमाद

तू मौन त्याग, कर सिंहनाद
रे तपी आज तप का न काल
नवयुग-शंखध्वनि जगा रही
तू जाग, जाग मेरे विशाल!
मेरे नगपति! मेरे विशाल

मेरे नगपति मेरा तुमसे अपने छोटे मुँह से बस इतना अनुरोध है कि अपनी तन्द्रा त्यागो, जाग्रत होकर मौन तोड़ो, तुम्हारी तन्द्रा तुम्हें सफ़ेद धुँध में लपेट देती है, तुम गोचर बने रहो, दिखाई देते रहने से तुम्हारे आश्रय में रहने वाले, तुम्हारी अनुपम अस्मिता पर भरोसा करने वाले, अपने स्वयं के आश्रय और अपनी स्वयं की अस्मिता के प्रति आश्वस्त रहते हैं। इसी आश्वस्ति को, विश्वाास को तोड़ने का तुम्हें अधिकार नहीं है इसलिए आज तो लौट आया लेकिन जब कल तुम्हारे आश्रय में आऊँ तो तुम मुझे यह कहने का अवसर मत देना कि तुम फिर नहीं दिखे नगाधिराज।

□□